Magnificat
en l'honneur de la
Vierge Marie

Commentaires des œuvres d'art : Pierre-Marie Varennes

Direction éditoriale : Fleur Nabert-Valjavec
Maquette : Gauthier Delauné
Iconographie : Isabelle Mascaras
Relecture : Catherine Mas-Mézéran
Relecture des hymnes latines : Jérôme Moreau
Fabrication : Thierry Dubus et Axelle Hosten

© Magnificat SAS, 15-27, rue Moussorgski 75018 Paris, 2017
pour l'ensemble de l'ouvrage.
Tous droits réservés pour tous pays.
© AELF pour les traductions françaises des hymnes liturgiques.

Première édition : octobre 2017
Dépôt légal : octobre 2017
N° d'édition : MGN 17032
ISBN : 978-2-917146-58-3

www.magnificat.fr

Pierre-Marie Varennes

Magnificat en l'honneur de la *Vierge Marie*

MAGNIFICAT

MAGNIFICAT EN L'HONNEUR DE LA VIERGE MARIE

Préface. Le génie de Magnificat 9

Incipit. La Merveille de Dieu – *Magnificat* 13

1. Montre-nous ton Visage – *Portrait de Marie par saint Luc* 17
2. Les grands-parents de Dieu – *Anne et Joachim* 21
3. Plus jeune que le péché – *L'Immaculée Conception* 25
4. La petite Trinité – *La nativité de la Vierge* 29
5. La prose sanctifiante des jours – *La prière de Marie enfant* 33
6. Je dors mais mon Cœur veille – *La Vierge assoupie* 37
7. Plus belle que les anges – *Marie et l'archange Gabriel* 41
8. Commencement des Merveilles du Christ – *L'Annonciation* 45
9. Arche vivante de l'Alliance – *Le mariage de la Vierge* 49
10. Les trois sceaux d'or pur – *La Theotokos* 53
11. Tressaillez de Joie ! – *La Visitation* 57
12. Tabernacle du Dieu vivant – *La Vierge enceinte* 61
13. L'engendrement de la Lumière – *La Nativité* 65
14. La Mère de Dieu – *L'adoration des bergers* 69
15. Porche du Mystère enfoui depuis des siècles – *La présentation au Temple* ... 73
16. Lumière des Nations – *Les rois mages* 77
17. Voici l'Agneau de Dieu – *La monstrance du Christ* 81
18. Mère de l'Astre sans couchant – *La fuite en Égypte* 85
19. Le père de Jésus – *Saint Joseph* 89

20. Mystère de l'indicible Sagesse – *La Vierge au livre* 93

21. Je te scrute – *Qui es-tu, mon enfant ?* 97

22. L'accomplissement des Écritures – *Marie, Jésus et Jean Baptiste* 101

23. L'éternel Féminin – *La Vierge à l'enfant* 105

24. La Maison-Dieu – *La maison de Marie* 109

25. Alma Mater – *Marie à Nazareth* 113

26. Mère du bel Amour – *La Sainte Famille de Nazareth* 117

27. Tuteur de l'Arbre divin – *Saint Joseph charpentier* 121

28. Marie gardait tout dans son Cœur – *Le recouvrement au Temple* 125

29. Médiatrice de toutes Grâces – *Les noces de Cana* 129

30. Cœur transpercé – *La crucifixion* 133

31. Consolatrice des affligés – *La déposition* 137

32. Reflet de la clarté de Dieu – *L'étreinte mystique* 141

33. Pont qui unit la Terre et le Ciel – *L'ascension du Christ* 145

34. Flambeau qui porte la Lumière véritable – *La Pentecôte* 149

35. Jeune pousse au bourgeon immortel – *La Dormition* 153

36. Les sept Perfections de Marie – *Marie entourée par les anges* 157

37. Porte du Salut – *L'Assomption* 161

38. Reine du ciel, Régente de la terre – *Le couronnement de la Vierge* 165

39. Secours des Chrétiens – *Marie en prière* 169

40. Chez nous, soyez Reine – *Marie Reine du ciel* 173

Épilogue. Rose mystique – *Notre Dame du Saint-Rosaire* 177

Table des hymnes 186

Crédits iconographiques 188

Crédits littéraires 190

PRÉFACE

LE GÉNIE DE MAGNIFICAT

L'automne 2018 marque le vingtième anniversaire de l'arrivée de MAGNIFICAT sur les côtes américaines. Notre pays est immensément redevable à cette œuvre, née en France, qui chaque jour dispense à près d'un million de lecteurs dans le monde, une précieuse aide à la prière et un enseignement de qualité sur la foi catholique. Le génie propre de MAGNIFICAT réside, entre autres vertus, dans la qualité de son objet, matériel et immatériel : les abonnés ont la grâce de recevoir chaque mois une petite icône des trésors du christianisme.

« La beauté sauvera le monde. » Le Pape François s'est plu à citer cette célèbre phrase du romancier russe Fédor Dostoïevski[1]. Les vingt-cinq années de succès de MAGNIFICAT en France et dans le monde illustrent avec force cette conviction du Pape. C'est avec joie que je salue Pierre-Marie Varennes et son épouse Bernadette. Ces ardents catholiques ont d'abord créé MAGNIFICAT pour nourrir la vie de prière de leur famille. Leurs douze enfants ont grandi avec MAGNIFICAT, passant cet outil au tamis exigeant de l'expérience quotidienne ! Et grâce à la détermination de Vincent Montagne et du groupe Media-Participations, l'un des plus grands groupes de presse et d'édition chrétienne en Europe, MAGNIFICAT est aujourd'hui disponible en sept langues, pour le service des croyants à travers le monde.

Ma devise épiscopale : « *Faites tout ce qu'il vous dira* » (Jean 2, 5) reprend la dernière parole de la Vierge Marie qui nous ait été transmise par les saints Évangiles. Rien ne saurait arriver de bon dans l'Église sans la Vierge Marie. L'Église applique à la Vierge Marie l'exclamation du Cantique des Cantiques : « *Que tu es belle, ma bien-aimée ; que tu es belle !* » (Ct 1, 15). Dans cet esprit, je prie Notre Dame de la Visitation : qu'elle continue à inspirer et à guider ceux qui éditent et diffusent MAGNIFICAT ! Puisse cette œuvre rayonner pour de longues décennies encore et donner raison au Pape dans sa confiance en cette beauté qui peut sauver le monde !

Cardinal Seán O'Malley, O.F.M. Cap.
Archevêque de Boston

---

[1] Message adressé au chœur synodal du Patriarcat de Moscou, lors du concert en la basilique Sainte-Marie-Majeure, le dimanche soir 3 novembre 2013.

La beauté sauvera le monde

Fédor Dostoïevski

INCIPIT

La Merveille de Dieu
Magnificat

Magnificat anima mea Dominum,
et exsultavit spiritus meus
in Deo salvatore meo.

Quia respexit humilitatem ancillae suae.
Ecce enim ex hoc beatam me dicent
omnes generationes.

Quia fecit mihi magna qui potens est.
Et sanctum nomen eius.

Et misericordia eius in progenies
et progenies timentibus eum.
Fecit potentiam in brachio suo.

Dispersit superbos mente cordis sui.
Deposuit potentes de sede,
et exaltavit humiles.

Esurientes implevit bonis,
et divites dimisit inanes.
Suscepit Israël puerum suum,
recordatus misericordiae suae.

Sicut locutus est
ad patres nostros,
Abraham et semini eius in saecula.
Amen.

Mon âme exalte le Seigneur,
exulte mon esprit en Dieu,
mon Sauveur !

Il s'est penché sur son humble servante ;
désormais, tous les âges
me diront bienheureuse.

Le Puissant fit pour moi des merveilles ;
Saint est son nom !

Sa miséricorde s'étend d'âge en âge
sur ceux qui le craignent.
Déployant la force de son bras,

il disperse les superbes.
Il renverse les puissants de leurs trônes,
il élève les humbles.

Il comble de biens les affamés,
renvoie les riches les mains vides.
Il relève Israël, son serviteur,
il se souvient de son amour,

de la promesse faite à nos pères,
en faveur d'Abraham
et de sa descendance, à jamais.
Amen.

Voici l'illustration de la couverture du premier numéro de MAGNIFICAT, tel qu'il parut en France en décembre 1992 et aux États-Unis en décembre 1998. Je me souviens qu'à l'époque, il n'existait pas plus d'ordinateur de bureau que d'Internet ni de bases de données informatiques pour choisir des reproductions d'œuvres d'art. Il fallait se déplacer auprès des agences photographiques ou des musées, et sélectionner dans des casiers de grandes diapositives appelées « Ektachromes ». Pour faire ce travail, l'iconographe ne disposait pas d'autre base que sa culture ni d'autre moteur de recherche que son propre cerveau. Ce jour-là, nous étions deux, avec sœur Isabelle-Marie Brault, c.s.a. († 2011), derrière une projeteuse pour choisir sur écran, au milieu d'une dizaine d'Ektachromes que j'avais présélectionnés, la couverture du premier numéro de MAGNIFICAT. Quand apparut *La Vierge à l'Enfant* de Neri di Bicci, sœur Isabelle-Marie s'exclama : « Oh, l'adorable bambin ! » À cet instant, je pris conscience que telle est la grâce de l'art de faire jaillir des vérités sublimes de nos expressions les plus incarnées. Et je pris la décision non seulement que toutes les couvertures de MAGNIFICAT offriraient à la contemplation une œuvre d'art, mais encore que dans chaque numéro de MAGNIFICAT figurerait le commentaire d'un chef-d'œuvre de l'art chrétien.

Oui, Neri di Bicci a su peindre un adorable bambin, un petit bout de chou de fils d'homme vraiment irrésistible, avec ses boucles d'or et son petit nez retroussé. Mais voici que cet adorable bambin, sa mère, la bienheureuse Vierge Marie, l'adore pour de vrai, au sens propre où l'on n'adore que Dieu seul !

La Vierge à l'Enfant
Neri di Bicci
(Florence, 1418 – Florence, 1492)
45 x 36 cm, détrempe sur bois

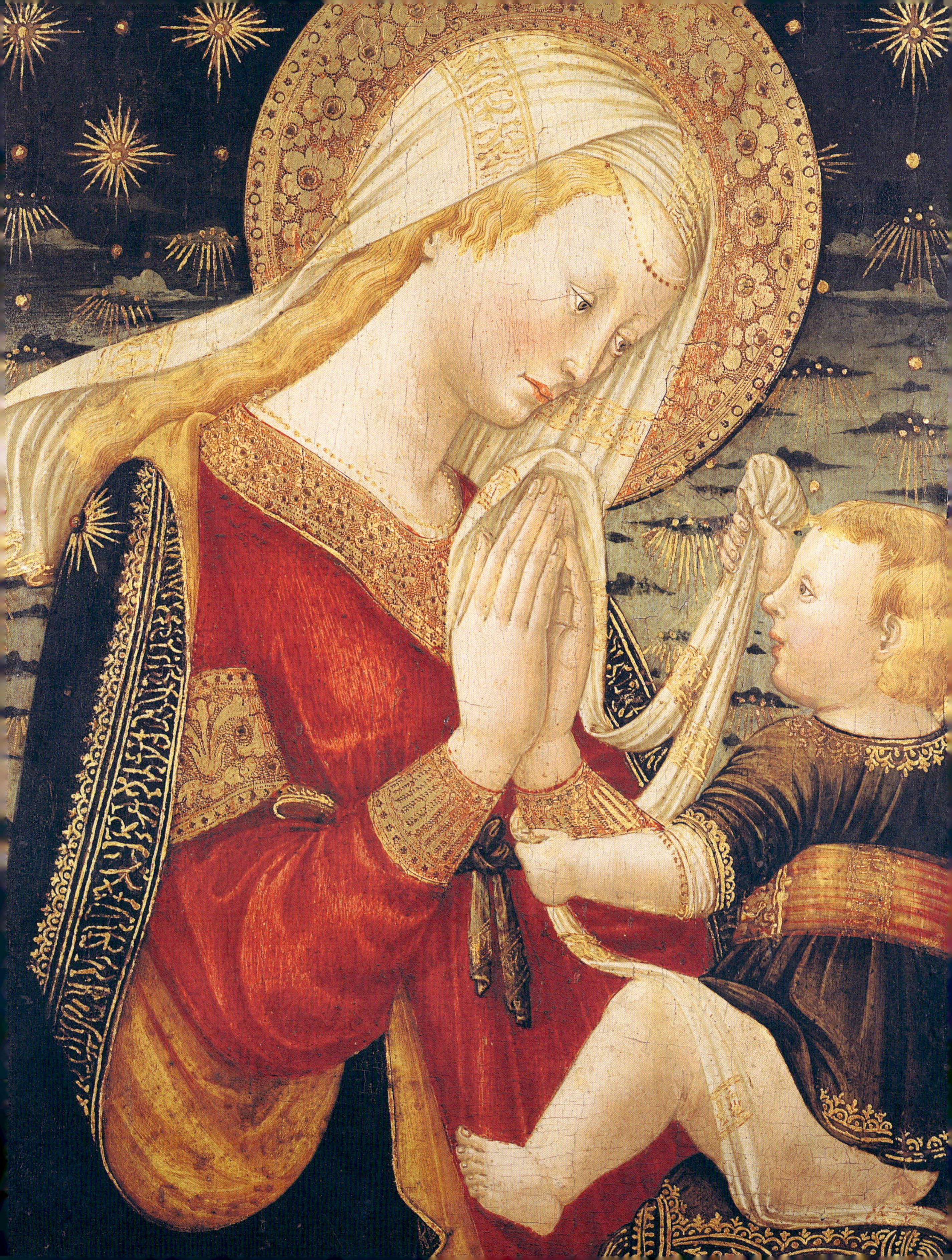

Ô Vierge digne de Dieu,
belle en face de sa beauté,
pure devant sa pureté,
tu montes des abîmes vers le Très-Haut.
Corps très pur, âme simple,
tu es toute belle :
la beauté en toi n'a rien laissé dans l'ombre,
mais elle a tout saisi, tout gardé, tout ennobli.
Celui qui scrute les reins t'approuve,
Celui qui voit dans les cœurs te loue,
l'Auteur de la beauté te choisit,
le Maître de Vérité te rend témoignage.

Hugues de Saint-Victor

Montre-nous ton Visage

Portrait de Marie par saint Luc

O QUAM GLORIFICA luce coruscas,
stirpis Davidicae regia proles.
Sublimis residens Virgo Maria,
supra caeligenas aetheris omnes.

Tu cum virgineo mater honore,
angelorum Domino pectoris aulam
sacris visceribus casta parasti ;
natus hinc Deus est corpore Christus.

Quem cunctus venerans orbis adorat,
cui nunc rite genuflectitur omne ;
a quo nos petimus te subveniente,
abiectis tenebris, gaudia lucis.

Hoc largire, Pater luminis omnis,
natum per proprium, Flamine sacro,
qui tecum nitida vivit in aethera
regnans, ac moderans saecula cuncta.
Amen.

De quelle glorieuse lumière tu brilles,
royale enfant de la lignée de David,
sublime Vierge Marie,
toi qui sièges au plus haut des cieux !

Mère qui gardes ton honneur de vierge,
dans ton chaste sein tu as préparé
la demeure du Seigneur des anges,
là où Dieu va s'incarner.

Celui que l'univers entier exalte et adore,
Celui devant qui tout genou se doit de fléchir,
implorons de lui, par ton secours,
dans nos ténèbres les joies de la lumière.

Fais-nous cette grâce, Père de toute lumière,
par ton propre Fils qui vit et règne aux Cieux,
avec toi et l'Esprit Saint,
gouvernant tout et pour toujours.
Amen.

Voici un détail du célèbre tableau de Rogier van der Weyden, *Saint Luc dessinant la Vierge.* En introduisant dans leur œuvre le thème du « tableau dans le tableau », c'est-à-dire du peintre qui peint un peintre en train de peindre, les artistes de la Renaissance ont cherché à réconcilier l'écriture et l'image. La personnalité de saint Luc, qu'on disait aussi inspiré comme écrivain que comme peintre, convenait parfaitement à ce dessein. Il n'en fallait pas moins face à l'antique méfiance à l'égard de l'image, vue comme une trahison du réel et donc foncièrement corruptrice. Or, si saint Luc a représenté la bienheureuse Vierge Marie par l'écrit et par la peinture, c'est bien que le langage de l'écriture et le langage de l'image sont de deux ordres différents, complémentaires dans leur rapport à la vérité. Aussi bien, dans l'espace de l'iconographie chrétienne, l'image peut-elle heureusement être reçue comme fertile en profitables effets de sens. Avec la promotion de l'art baroque, la Réforme catholique issue du concile de Trente donnera une dimension inouïe à cette fertilité, tandis qu'à l'inverse, le protestantisme adoptera la conception, très méfiante et volontiers intolérante, de l'image corruptrice de l'Écriture.

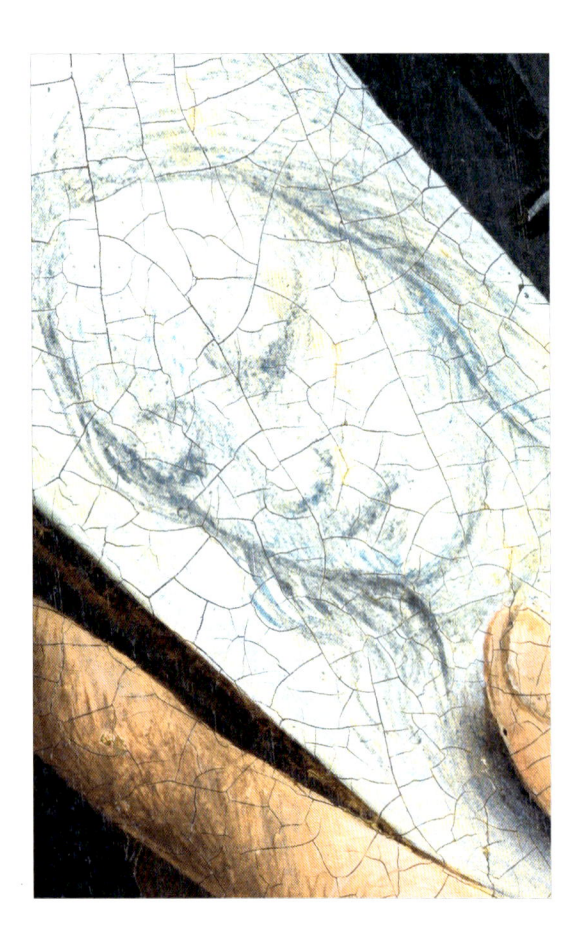

Ici, l'artiste en est au croquis préparatoire. À la pointe d'argent, il tente de faire apparaître sur le papier le visage de son modèle. Singulière mission quand le modèle est la Mère de Dieu ! Voici donc, sous le prétexte de la main de saint Luc peintre, un « autoportrait » de la main de Van der Weyden, main vue comme « actrice » de ses visions, de ses talents et de ses desseins. Saisie en train de saisir le comble de la grâce, cette main admirable suspend son œuvre, le temps pour l'œil de jauger la ressemblance entre l'image et le visage vivant, le temps d'authentifier le portrait de celle qui est plus belle que les anges. Grand mystère que cette main du créateur : à partir des traits d'un visage que les yeux voient, elle parvient à exprimer en traits d'argent le regard intérieur de l'artiste sur une âme invisible…

Saint Luc dessinant la Vierge (détail)
Rogier van der Weyden
(Tournai, v. 1399 – Bruxelles, 1464)
huile sur bois, 137,5 x 110,8 cm

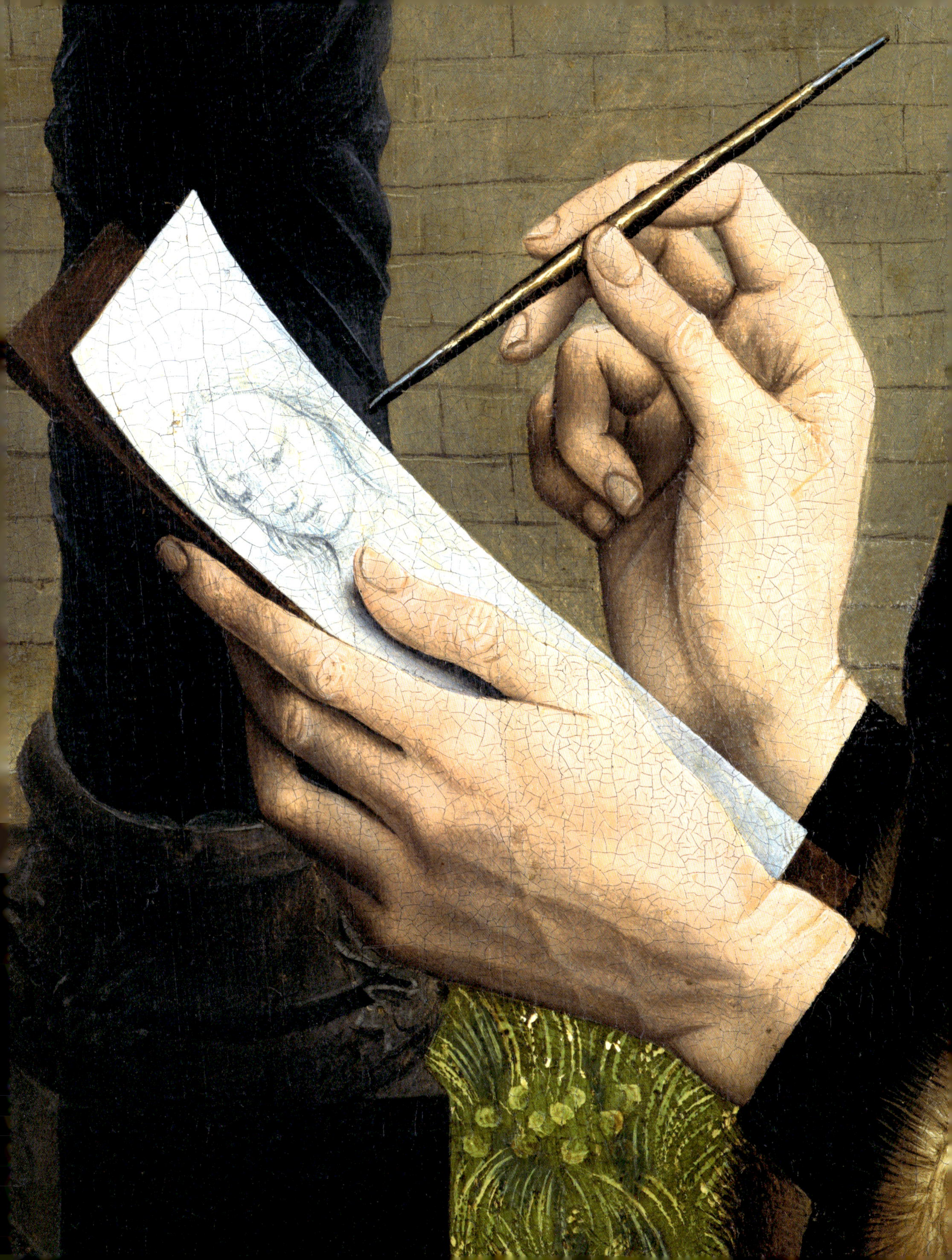

Il est midi. Je vois l'église ouverte. Il faut entrer.
Mère de Jésus-Christ, je ne viens pas prier.

Je n'ai rien à offrir et rien à demander.
Je viens seulement, Mère, pour vous regarder.

Vous regarder, pleurer de bonheur, savoir cela
Que je suis votre fils et que vous êtes là.

Rien que pour un moment pendant que tout s'arrête.
Midi !

Être avec vous, Marie, en ce lieu où vous êtes.
Ne rien dire, regarder votre visage,
Laisser le cœur chanter dans son propre langage,

Ne rien dire, mais seulement chanter parce qu'on a le cœur trop plein,
Comme le merle qui suit son idée en ces espèces de couplets soudains.

Parce que vous êtes belle, parce que vous êtes immaculée,
La femme dans la Grâce enfin restituée,

La créature dans son honneur premier et dans son épanouissement final,
Telle qu'elle est sortie de Dieu au matin de sa splendeur originale.

Intacte ineffablement parce que vous êtes la Mère de Jésus-Christ,
Qui est la vérité entre vos bras, et la seule espérance et le seul fruit.

Parce que vous êtes la femme, l'Éden de l'ancienne tendresse oubliée,
Dont le regard trouve le cœur tout à coup et fait jaillir les larmes accumulées,

Parce qu'il est midi, parce que nous sommes en ce jour d'aujourd'hui,
Parce que vous êtes là pour toujours, simplement parce que vous êtes Marie,
simplement parce que vous existez,

Mère de Jésus-Christ, soyez remerciée !

Paul Claudel

2

LES GRANDS-PARENTS DE DIEU
Anne et Joachim

Dum tuas festo, pater o colende,
cantico laudes habet haec corona,
vocis ac mentis, Ioachim, benigne
accipe munus.

Longa te regum series avorum
Abrahae prolem tulit atque David;
clarior mundi domina coruscas
prole Maria.

Sic tuum germen benedicta ab Anna
editum, patrum repetita vota
implet, et maesto properat referre
gaudia mundo.

Laus tibi, Prolis Pater increatae;
laus tibi, summi Suboles Parentis;
summa laus, compar, tibi sit per omne,
Spiritus, aevum.
Amen.

Pour ta fête, père vénérable,
nos chants te tressent cette couronne,
hommage de notre voix et de notre cœur :
Joachim, accueille-les avec bienveillance.

La longue lignée des rois, tes ancêtres,
fit de toi le fils d'Abraham et de David ;
mais tu es plus célèbre par ta fille Marie,
resplendissante souveraine du monde.

Ton enfant née d'Anne, ton épouse bénie,
comble les vœux renouvelés de tes pères,
et aussitôt dissipe la tristesse du monde,
lui redonnant la joie.

Louange à toi, Père du Fils incréé,
louange à toi, suprême Fils du Père,
à eux les plus hautes louanges, avec toi,
l'Esprit souverain, qui es leur égal à jamais.
Amen.

Nous ne connaissons les parents de la Vierge Marie, la Mère de Dieu, que par les évangiles apocryphes. Anne et Joachim sont prévenus séparément par un ange que Dieu a béni leur union et que leur enfant à naître sera la Mère du Sauveur. Accourant chacun de son côté pour s'annoncer la bonne nouvelle, les époux tombent dans les bras l'un de l'autre devant la Porte dorée, à Jérusalem. C'est l'histoire de cette rencontre, reprise et enjolivée par Fulbert, évêque de Chartres († 1028), que représente ici Carpaccio. Devant la Porte dorée, qui symbolise la porte du Paradis, Anne et Joachim enlacés témoignent de la persévérance de Dieu dans son dessein de grâce : l'alliance fondamentale du couple – *Dieu créa l'homme à son image, à l'image de Dieu il le créa, il les créa homme et femme* (Gn 1, 27) –, loin d'être abolie par le péché, demeure au cœur des alliances successives de Dieu avec l'humanité et, en vérité, les porte toutes. Dieu est amour, l'être humain a été créé par amour pour être amour. C'est ainsi que d'alliance en alliance et de couple en couple, depuis Adam et Ève, Abraham et Sara, Anne et Joachim, Marie et Joseph, l'alliance du mariage s'accomplira de manière définitive et parfaite dans l'Alliance nouvelle et éternelle, quand le Christ, Époux de l'Église, sera tout en tous. En nous donnant à contempler cette réaliste et chaste étreinte d'amour entre un homme et une femme, l'artiste éclaire admirablement le grand mystère par lequel, dans l'accomplissement du dessein bienveillant de Dieu, les époux sont appelés à former un seul cœur, un seul esprit et une seule âme.

La Rencontre de Joachim et Anne à la Porte dorée (1515, détail)
Vittore Carpaccio
(Venise, v. 1460 – Capo d'Istria, 1526)
huile sur bois, 185 x 171 cm

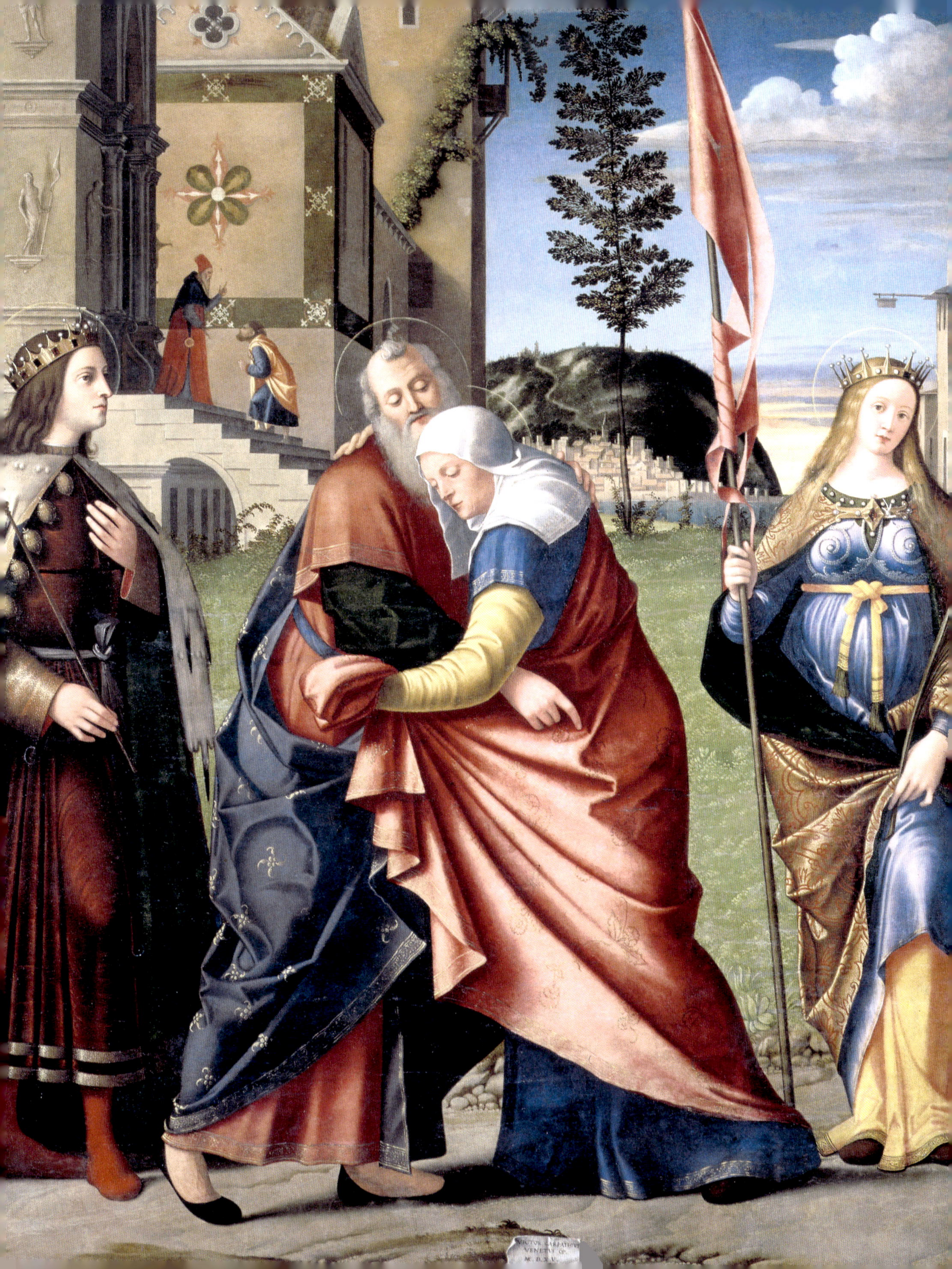

Aujourd'hui nous rendons grâces pour les parents de la Mère de Dieu. Ils sont à l'origine de notre salut à tous, et leur fête est aussi la fête de leur fille… C'est le moment de nous écrier : le Seigneur a béni la maison du roi David à cause de sa lointaine descendance, Marie, mère de la Vie. Il a béni la maison des justes Joachim et Anne à cause de leur sainte fille, la toute pure et toujours vierge Marie, Mère du Christ et Mère de Dieu. Trois fois heureux les parents de la Mère de Dieu ! Le monde entier est leur débiteur. Nous aussi, disons-leur à pleine voix et avec reconnaissance : réjouis-toi, Joachim, père très vénérable de celle qui, après Dieu, est notre espoir. Réjouis-toi, Anne, mère très honorable de la mère de notre vie. Notre bouche est pleine de louanges pour votre admirable sainteté. Mais nous sommes incapables de célébrer comme il convient votre union conjugale que Dieu a nouée ; nous ne le pourrions qu'en empruntant la voix du Christ, votre petit-fils selon la chair, pour vous bénir tous les deux en vous disant : *Réjouissez-vous, soyez dans l'allégresse, car votre récompense,* qui est le fruit de votre chair, sera *grande dans les Cieux !* (Mt 5, 12).

BIENHEUREUX COSMAS

3

Plus jeune que le péché
L'Immaculée Conception

In plausu grati carminis
adsit nova laetitia,
dum Dei matris Virginis
sumit vita principia.

Maria, mundi gloria,
lucis aeternae filia,
te praeservavit Filius
ab omni labe penitus.

Originalis macula
cuncta respersit saecula ;
sola post Natum vitiis
numquam contacta diceris.

Caput serpentis callidi
tuo pede conteritur ;
fastus gigantis perfidi
David funda devincitur.

Columba mitis, humilis,
fers, carens felle criminis,
signum Dei clementiae,
ramum virentis gratiae.

Patri sit et Paraclito
tuoque Nato gloria,
qui sanctitatis unicae
te munerarunt gratia.
Amen.

Que par cette hymne d'action de grâce
se lève une allégresse nouvelle,
au jour où la Vierge, Mère de Dieu,
vient à la vie.

Marie, gloire du monde,
fille de la lumière éternelle,
ton Fils t'a entièrement
préservée de toute souillure.

La tache originelle
a rejailli sur tous les siècles ;
toi seule, après ton Fils,
les vices ne t'ont jamais touchée.

La tête du serpent rusé
est écrasée sous ton pied ;
la morgue du géant perfide
est abattue par la fronde de David.

Humble et douce colombe,
exempte du fiel du péché,
signe de la clémence de Dieu,
rameau verdoyant de la grâce.

Une même gloire soit rendue
au Père, au Consolateur et au Fils,
qui t'ont accordé la grâce
d'une sainteté exclusive.
Amen.

Cette *Purissima* grandeur nature a été peinte par Zurbarán en 1661, l'année même où le pape Alexandre VII fait défense à quiconque d'attaquer la doctrine, la fête et le culte de l'Immaculée Conception. Bien que remarquablement libre par rapport aux représentations traditionnelles de l'Immaculée Conception, cette œuvre en conserve certains traits comme les deux têtes d'angelots à ses pieds, ou comme l'esquisse de la lune (ici pleine et non en croissant) et des étoiles de la couronne qui font référence au livre de l'Apocalypse (Ap 12, 1-9).

Le maître a pris pour modèle une fillette, en la personne de sa fille Juana, alors âgée de 12 ans. Tout abîmée dans la contemplation du dessein bienveillant de Dieu pour le salut de l'humanité, la jeune Vierge Marie a les cheveux libres, en signe de son affranchissement de la tyrannie de la concupiscence. Elle se détache sur un fond d'or rougeoyant qui est comme un feu embrasé : il s'agit de l'argile originelle que la pensée de Dieu façonne. Son magnifique manteau, bleu marine d'une profondeur admirable, lui fait comme une mandorle animée par le vent de l'Esprit Saint. Il symbolise les eaux purificatrices du baptême dans lesquelles Marie fut plongée par anticipation des mérites de son fils et Sauveur, notre Seigneur Jésus-Christ. C'est pourquoi elle peut porter la tunique blanche, sans tache, de l'Immaculée. On peut avec profit s'inspirer de la poésie du vénérable Jacques Sevin pour contempler ce tableau :

Comme la pâte avec grand soin choisie
Le Créateur modèle le cœur de Marie
Le vase doit contenir le Pain qui rassasie
Voyez Dieu attentif jusqu'au moindre détail
L'Esprit mystérieux seul informe l'argile
Car devant ce chef-d'œuvre,
Il veut qu'on s'extasie
Le Maître avec amour
sur son œuvre s'incline.
Il souffle et le beau vase soudain
devient le cœur de Marie.

L'Immaculée Conception (1661)
Francisco de Zurbarán
(Fuente de Cantos, 1598 – Madrid, 1664)
huile sur toile, 140 x 103 cm

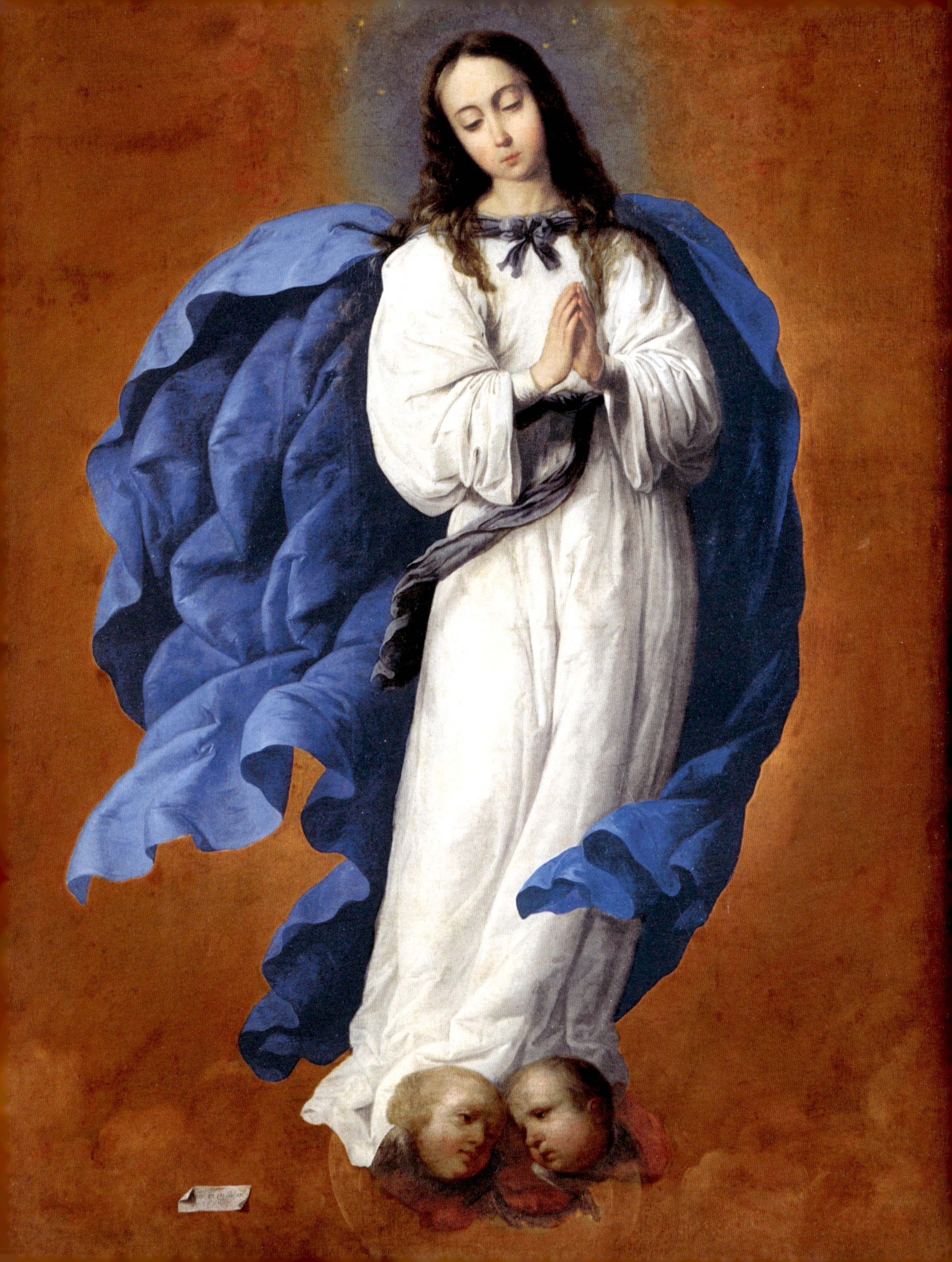

Lys est pureté
Lys est virginité
Lys, demeure inviolée !

Lys n'y touche
Lys fait souche

Lys inaccessible
Lys immaculé

Lys est Amour
Parfum répandu
Amour partagé

Lys inaccessible, Jardin suspendu !

Jean Savernes

4

LA PETITE TRINITÉ
La nativité de la Vierge

Succedit nocti lucifer,
quem mox aurora sequitur,
solis ortum praenuntians
lustrantis orbem lumine.

Christus sol est iustitiae,
aurora Mater gratiae,
quam Anna praeit rutilans,
legis propellens tenebras.

Stirps Iesse clara deluit
Evae matris opprobrium,
dum Anna prolem genuit,
florem Sanctorum omnium.

Gloria tibi, Domine,
qui natus es de Virgine,
cum Patre, et Sancto Spiritu,
in sempiterna saecula.
Amen.

L'étoile du matin succède à la nuit,
et l'aurore bientôt la suit,
annonçant le lever du soleil
qui va baigner le monde de lumière.

Le Christ est le Soleil de justice,
sa Mère est l'aurore de la grâce ;
Anne l'a précédée, brillante,
chassant les ombres de la Loi.

La noble race de Jessé
d'Ève notre mère a lavé la honte,
dès lors qu'Anne a donné le jour
à la fleur de tous les saints.

Gloire à vous, Seigneur,
qui êtes né de la Vierge,
comme au Père et à l'Esprit Saint,
pour les siècles éternels.
Amen.

Ce détail provient d'une icône russe de l'école moscovite. Peinte à la fin du XVIᵉ siècle, celle-ci comprend des scènes juxtaposées représentant, dans un même espace, deux épisodes successifs de la nativité de Marie. La tradition, venant du *Protévangile de Jacques* (IVᵉ siècle) et relayée notamment par le Coran (VIIᵉ siècle), faisait d'Anne une vieille femme stérile, qui, à l'image de son ancêtre Anne, mère de Samuel (cf. 1 S 1, 20), passait ses jours dans les larmes et la prière pour obtenir cette bénédiction d'attendre un enfant. Comme pour son aînée, sa prière fut exaucée, mais au-delà de toutes ses espérances puisque, mère de la Theotokos, Anne devint, pour ainsi dire, la grand-mère de Dieu.

Pourtant, ici, Anne n'est pas une vieille femme mais une ravissante jeune femme, tendrement unie à un mari séduisant. Ils forment tous deux un beau couple, aimant, qui, trônant sur une cathèdre glorieuse, présente au monde le fruit de son union.

Ce hiatus avec la tradition s'explique par le fait que, dans l'art des icônes, les sujets sont représentés tels qu'ils sont dans le dessein de Dieu. Anne et Joachim ont donc ici l'apparence qu'ils ont dans la vie éternelle : leurs corps glorieux ont 33 ans, l'âge du Christ ressuscité. Cette image (*eikon* en grec) se veut en elle-même un témoignage sacré de la présence divine : ce couple saint forme avec Marie une petite Trinité ; il offre ainsi à la contemplation des fidèles le grand mystère (cf. Ep 1, 9) du sacrement de mariage, par lequel, de la genèse du monde à sa fin eschatologique, Dieu-Amour a voulu révéler *son image et sa ressemblance* (Gn 1, 26-27) et faire pour nous des merveilles (cf. Lc 1, 49).

La Naissance de la Vierge (1590, détail)
icône russe
détrempe sur bois, 31,6 x 21,5 cm

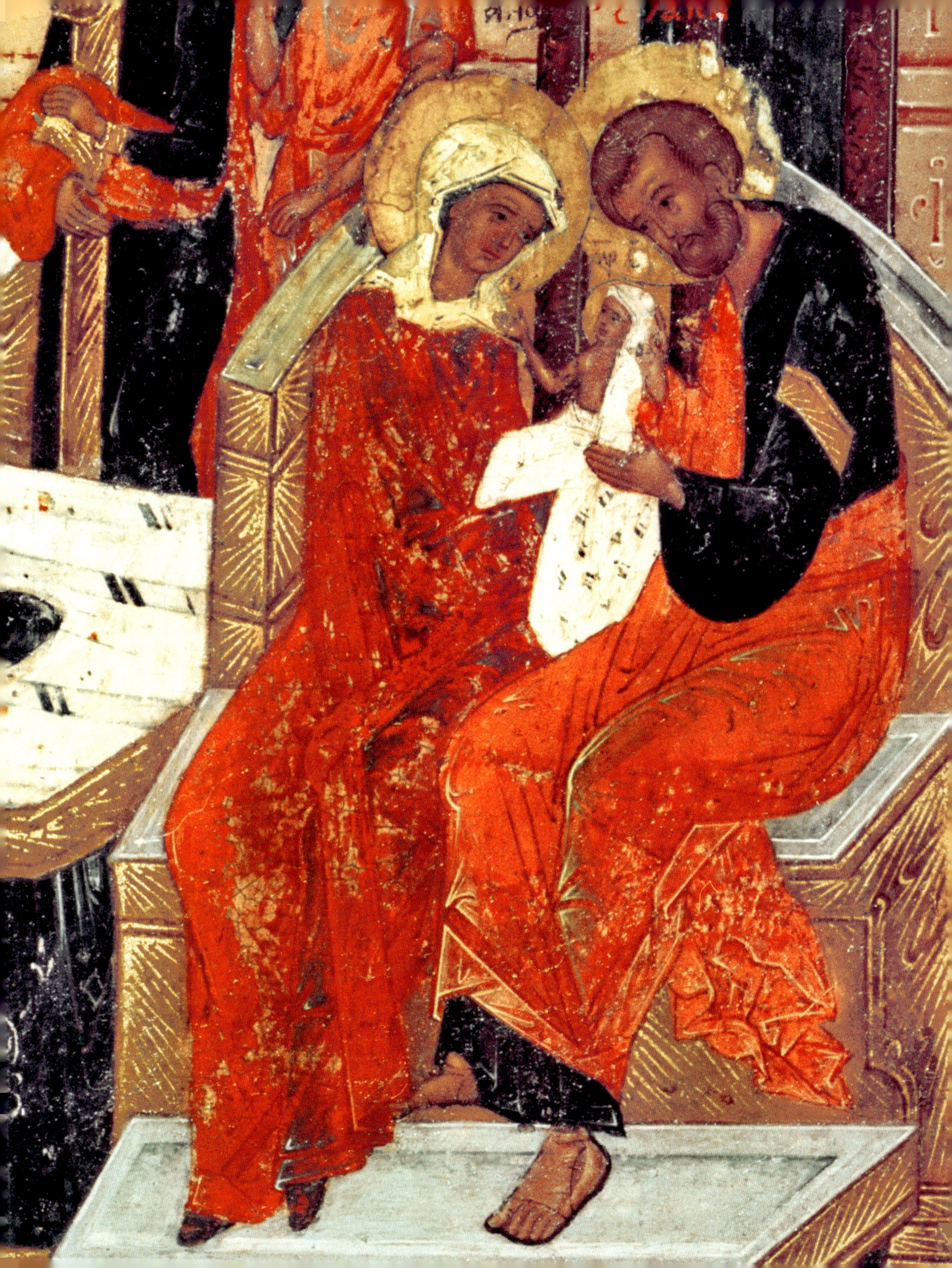

Terre ! oublie en un jour ton antique détresse !
Ô cieux ! comme les mers palpitez d'allégresse !
La Vierge bienheureuse est née au sein de Dieu !
Elle vole, aux clartés de l'arc-en-ciel en feu,
La Colombe qui porte à l'arche du refuge
Le rameau d'olivier qui survit au déluge !

Le mystique Rosier va parfumer les airs !
L'Étoile matinale illumine les mers !
Saluez, bénissez, créatures sans nombre,
Celle que le Très-Haut doit couvrir de son ombre,
Et qui devra porter, vierge, en ses flancs bénis,
Le Dieu qui précéda les siècles infinis !

CHARLES-MARIE LECONTE DE LISLE

5

LA PROSE SANCTIFIANTE DES JOURS
La prière de Marie enfant

O SANCTA MUNDI DOMINA,
regina caeli inclita,
o stella maris fulgida,
virgo mater mirifica.

Appare, dulcis filia,
nitesce iam virguncula,
florem latura nobilem,
Christum Deum et hominem.

Natalis tui annua
en colimus sollemnia,
quo stirpe dilectissima
mundo fulsisti genita.

Per te sumus, terrigenae
simulque iam caeligenae,
pacati pace nobili,
more non aestimabili.

Sit Trinitati gloria
per saeculorum saecula,
cuius vocaris munere
mater beata Ecclesiae.
Amen.

Sainte souveraine du monde,
glorieuse Reine du ciel,
brillante étoile de la mer,
admirable Vierge Mère,

Montre-toi, ô douce enfant,
brille donc, petit rejeton
qui dois porter une noble fleur :
le Christ, Dieu et homme.

Nous célébrons l'anniversaire
de ta naissance, où,
issue d'une souche choisie entre toutes,
tu as resplendi sur le monde.

Par toi, habitants de la terre
tout comme citoyens du ciel,
nous avons reçu une paix glorieuse
d'une façon inestimable.

Gloire à la Trinité
pour les siècles des siècles,
qui te donne d'être appelée
la bienheureuse Mère de l'Église.
Amen.

Ce délicieux tableau a été peint par Francisco de Zurbarán vers 1658, c'est-à-dire quelques années avant sa mort, en 1664. La Vierge Marie enfant y emprunte les traits de la dernière fille de l'artiste, Agustina Florencia, qui venait de décéder. Voici donc Marie enfant, nimbée de l'ombre lumineuse de la présence divine et vêtue de la pourpre de l'Esprit Saint. Elle est à son ouvrage de couture. Le peintre signifie par là que Dieu ne la distinguera pas dans ses élévations mystiques mais dans la prose sanctifiante de ses humbles tâches quotidiennes. Aussi bien, le linge blanc qu'elle travaille est-il la figure du linceul où elle ensevelira son fils Jésus. Elle est assise dans l'attitude d'une *pietà*, et ses mains jointes expriment sa disponibilité inconditionnelle au dessein bienveillant que Dieu a sur elle pour le salut du monde. L'expression de son regard contient déjà sa réponse : « *Je suis la servante du Seigneur* » (Lc 1, 38).

Zurbarán a toujours montré une exquise dévotion à la Vierge Marie, au point qu'il ne faisait pas payer les toiles qui la représentaient. Ici, Zurbarán nous donne part à la capacité qu'ont les grands artistes de dépasser par l'expression graphique toutes les possibilités de l'expression écrite. En ce sens, cette œuvre doit être contemplée comme une profession de foi dans la puissance des béatitudes : pour accueillir et répandre l'amour de Dieu, il vaut mieux être, aussi bien sur le plan spirituel que sur le plan matériel, un pauvre, un petit, un dernier, pour tout dire, un enfant. Zurbarán exprime cet indicible d'une manière admirable : celle que tous les âges diront bienheureuse est représentée, paisiblement heureuse, le visage illuminé d'une vie intérieure qui ne cesse de s'abreuver à la source du seul vrai bonheur.

L'Enfance de la Vierge (v. 1658)
Francisco de Zurbarán
(Fuente de Cantos, 1598 – Madrid, 1664)
huile sur toile, 73,5 x 53,5 cm

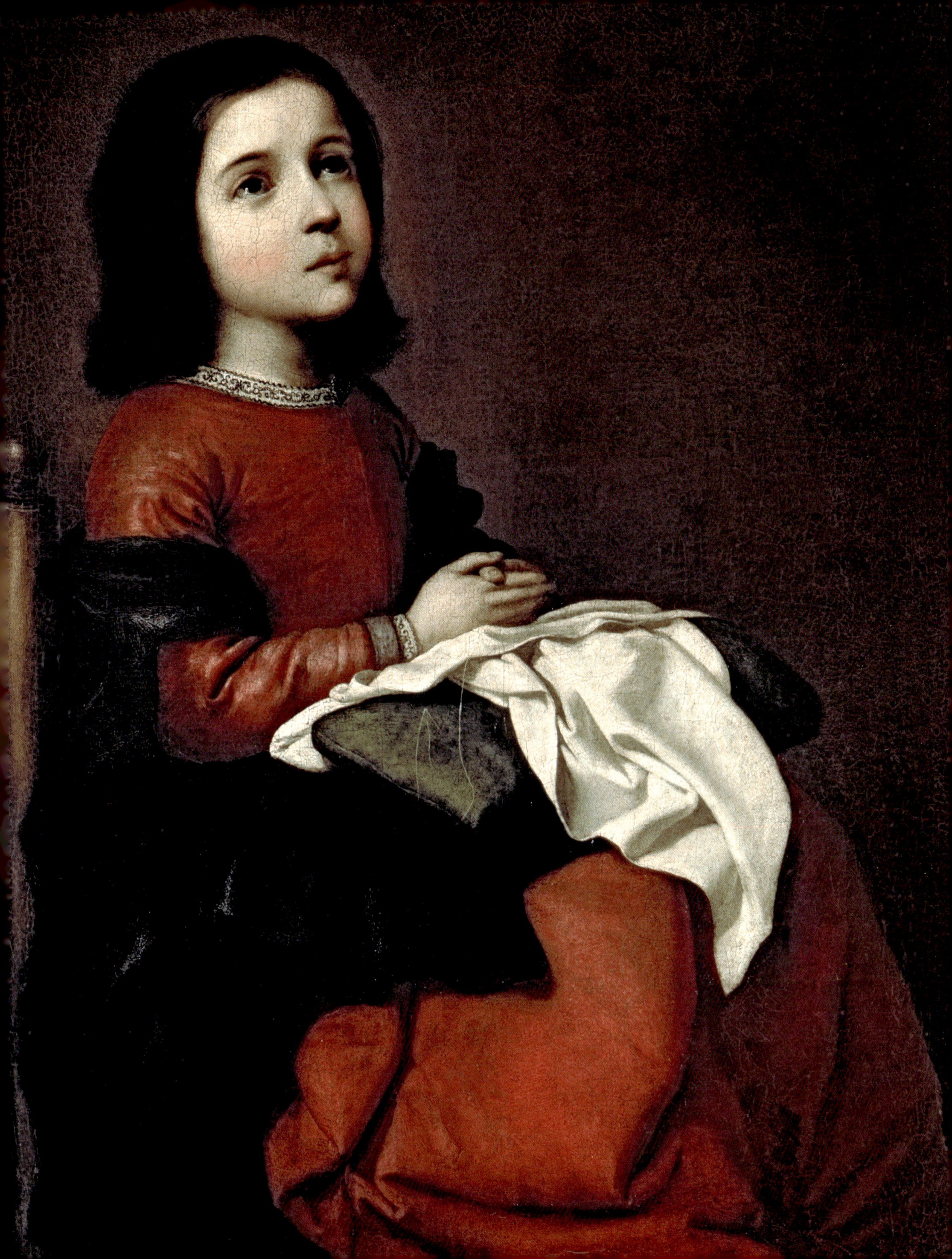

La Vierge était l'innocence. Rends-toi compte de ce que nous sommes pour elle, nous autres, la race humaine ? Oh ! naturellement, elle déteste le péché, mais, enfin, elle n'a de lui nulle expérience, cette expérience qui n'a pas manqué aux plus grands saints, au saint d'Assise lui-même, tout séraphique qu'il est. Le regard de la Vierge est le seul regard vraiment enfantin, le seul vrai regard d'enfant qui se soit jamais levé sur notre honte et notre malheur.

Oui, mon petit, pour la bien prier, il faut sentir sur soi ce regard qui n'est pas tout à fait celui de l'indulgence – car l'indulgence ne va pas sans quelque expérience amère – mais de la tendre compassion, de la surprise douloureuse, d'on ne sait quel sentiment encore, inconcevable, inexprimable, qui la fait plus jeune que le péché, plus jeune que la race dont elle est issue, et bien que Mère par la grâce, Mère des grâces, la cadette du genre humain.

Georges Bernanos

6

Je dors mais mon Cœur veille
La Vierge assoupie

Beata Dei genetrix,
nitor humani generis,
per quam de servis liberi
lucisque sumus filii.

Maria, virgo regia,
David stirpe progenita,
non tam paterna nobilis
quam dignitate subolis,

Tu nos, avulso veteri,
complanta novo germini;
per te sit genus hominum
regale sacerdotium.

Tu nos culparum nexibus
sacris absolve precibus;
tua promentes merita
ad caeli transfer praemia.

Sit Trinitati gloria,
o Virgo nobilissima,
quae te suorum munerum
thesaurum dat magnificum.
Amen.

Bienheureuse Mère de Dieu,
splendeur de l'humanité,
par toi nous vient la liberté,
nous devenons fils de lumière.

Marie, Vierge de sang royal,
du roi David tu es la fille,
moins illustre par tes aïeux
que par ta noble descendance,

Arrache en nous ce qui est vieux,
sème la semence nouvelle :
par toi, que toute vie humaine
devienne un royal sacerdoce.

Marie, par ta prière sainte
dénoue les liens de nos péchés.
Par tes mérites, conduis-nous
jusqu'aux célestes récompenses.

Gloire soit à la Trinité,
qui nous donne en toi, très noble Vierge,
le meilleur de tous ses bienfaits,
son trésor le plus magnifique !
Amen.

Nous venons de contempler un délicieux tableau de Zurbarán représentant Marie enfant occupée à son ouvrage de couture. Voici son pendant : dans le même cadre, « la même » Marie enfant, empruntant ses traits à la petite dernière chérie de l'artiste, Agustina Florencia, mais représentée assoupie sur la parole de Dieu. Elle tient encore le livre saint dans sa main, marquant avec ses doigts la page où le sommeil l'a ravie. De prime abord, en découvrant cette œuvre, ce sont les vers de Péguy qui me reviennent en tête :

*« Rien n'est beau comme un enfant
qui s'endort en faisant sa prière, dit Dieu.
Je vous le dis, rien n'est aussi beau
dans le monde.
Je n'ai jamais rien vu d'aussi beau
dans le monde,
Et je m'y connais.
Ma création regorge de beautés. »*

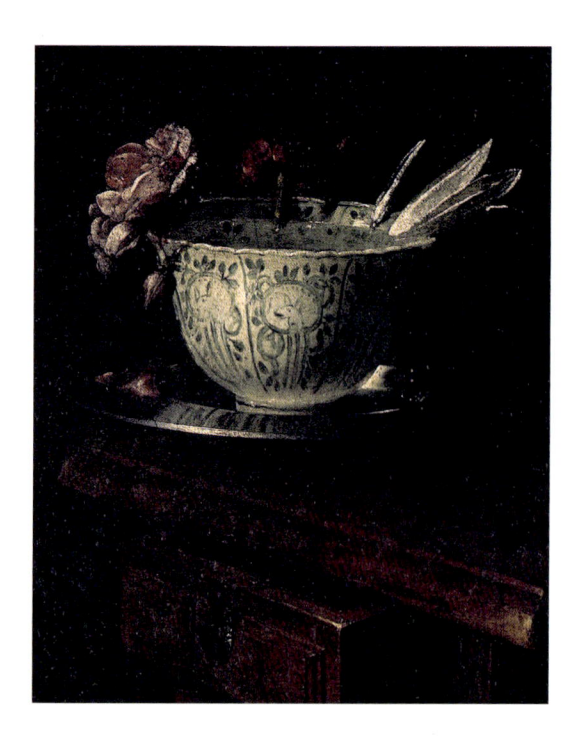

Cependant, voici que sortent de la pénombre, en arrière-plan dans une coupe de porcelaine de Chine, un lis symbole de la virginité consacrée, une rose symbole de l'Incarnation et des sept joies, et un œillet symbole de la Passion et des sept douleurs. Je me prends alors à fredonner la *cancion* du poète Diego Cortès, contemporain de Zurbarán et sévillan comme lui :

« Je suis une fillette, une *morenita* [brunette],
Plus belle que l'œillet, la rose et le lis. »

Mais au fond, cette œuvre évoque d'abord le Cantique des Cantiques (Ct 5, 2) :

*Je dors, mais mon cœur veille.
J'entends mon bien-aimé qui frappe.
« Ouvre-moi, ma sœur, mon amie,
ma colombe, ma parfaite ! »*

Assidue à la lecture divine, Marie enfant ne rêve pas aux anges : en songe, elle continue de garder dans son cœur toutes les merveilles que Dieu fit en faveur d'Abraham et de son peuple à jamais ; et ainsi, de forger en son esprit et le *Fiat* qu'elle répondra à l'ange du Seigneur et le *Magnificat* qui jaillira de ses lèvres à la salutation d'Élisabeth. En exposant la même Marie enfant en deux attitudes, Zurbarán nous révèle les deux piliers de toute vie chrétienne : l'intimité du cœur et de l'esprit avec la parole de Dieu, et la dévotion à la prose sanctifiante des humbles tâches quotidiennes, au service des autres.

La Vierge enfant endormie (1664)
Francisco de Zurbarán
(Fuente de Cantos, 1598 – Madrid, 1664)
huile sur bois, 103 x 90 cm

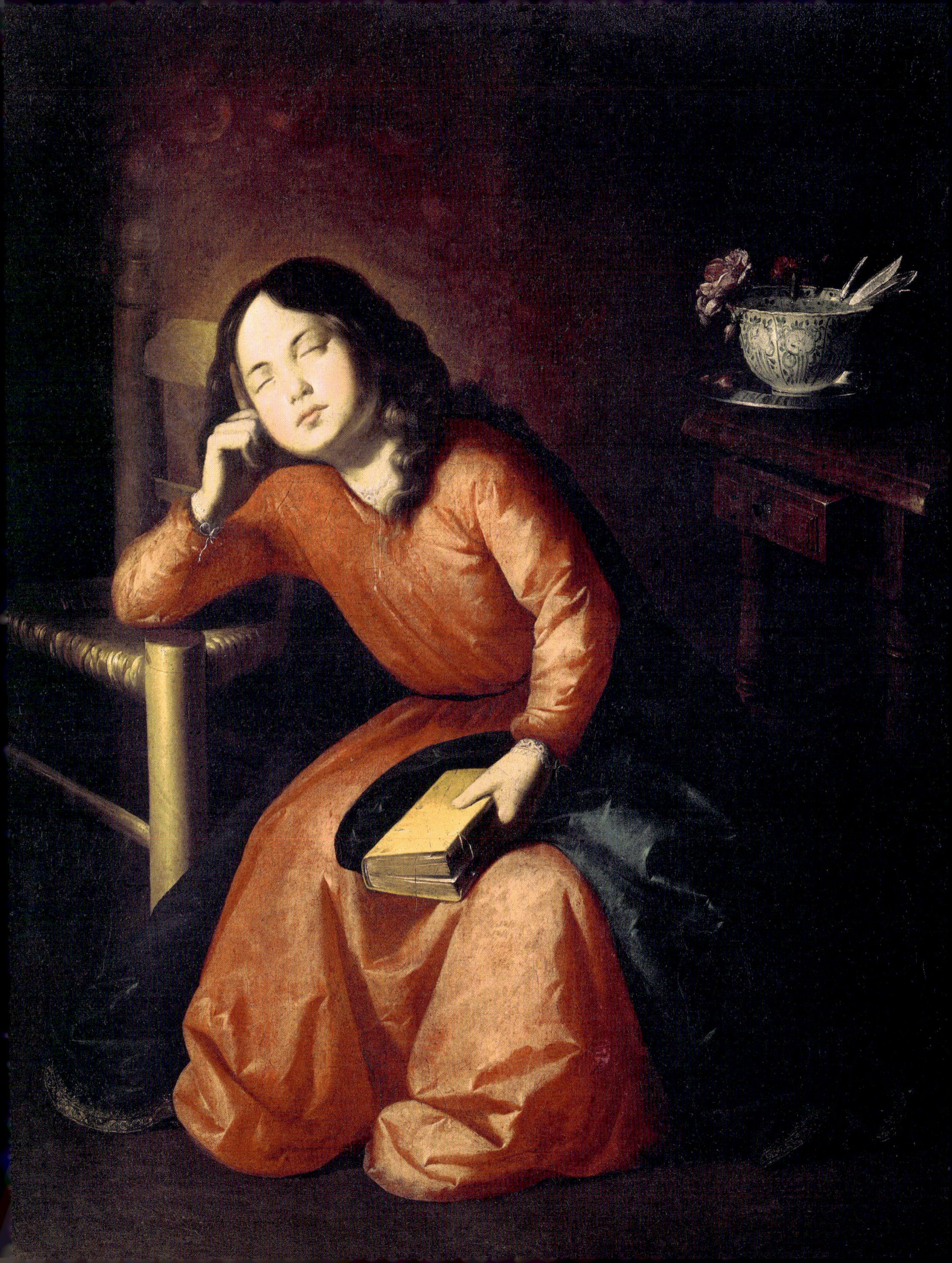

Sainte Marie Mère de Dieu

Gardez-moi un cœur d'enfant
Pur et transparent comme une source
Obtenez-moi un cœur simple
Qui ne savoure pas les tristesses
Un cœur magnifique à se donner
Tendre à la compassion
Un cœur fidèle et généreux
Qui n'oublie aucun bien
Et ne tienne rancune d'aucun mal.
Faites-moi un cœur doux et humble
Aimant sans demander de retour
Joyeux de s'effacer dans un autre cœur
Devant votre divin Fils
Un cœur grand et indomptable
Qu'aucune ingratitude ne ferme
Qu'aucune indifférence ne lasse
Un cœur tourmenté de la gloire
De Jésus-Christ
Blessé de son amour
Et dont la plaie ne guérisse qu'au ciel.

PÈRE LÉONCE DE GRANDMAISON

Plus belle que les anges

Marie et l'archange Gabriel

Alma Redemptoris mater,
quae pervia caeli porta manes,
et stella maris,
succurre cadenti surgere
qui curat, populo.
Tu quae genuisti, natura mirante,
tuum sanctum Genitorem,
Virgo prius ac posterius.
Gabrielis ab ore sumens illud Ave,
peccatorum miserere.
Amen.

Sainte Mère du Rédempteur,
Porte du ciel toujours ouverte,
Étoile de la mer,
viens au secours du peuple qui tombe
et qui cherche à se relever.
Tu as enfanté, ô merveille !
celui qui t'a créée,
et tu demeures toujours Vierge.
Accueille le salut de l'ange Gabriel
et prends pitié de nous, pécheurs.
Amen.

La basilique de la Sainte-Annonciation a été fondée à Florence en 1250, par les sept premiers membres de l'ordre des Servites. Longtemps elle fut un lieu de pèlerinage très couru, à cause d'une fresque « peinte par un ange » qui ornait ses murs. Encore aujourd'hui, les nouveaux époux de toute la Toscane viennent déposer devant cette fresque le bouquet de la mariée. La légende dit qu'en 1252, un des servites entreprit de décorer la basilique d'une Annonciation. Cependant, l'œuvre achevée, il ne parvenait pas à donner au visage de la Vierge Marie la beauté qui convenait et le pieux artiste s'en désespérait. Or, un jour qu'il s'endormit sur son ouvrage, il découvrit à son réveil que le visage de Marie avait été admirablement peint pendant son sommeil. Le bon peuple y reconnut immédiatement la main d'un ange. De fait dans cette œuvre, l'exquise qualité des visages surpasse incomparablement le talent bien ordinaire que révèle le reste de l'image.

Mais la facture de cet admirable visage n'est peut-être pas aussi miraculeuse. L'histoire se serait passée autour de 1430, quand un moine du nom de Bartolomeo ne réussit pas à peindre dignement le visage de la Vierge d'une fresque de l'Annonciation qu'il avait entreprise. Pendant qu'il dormait, ses amis s'en furent chercher au couvent dominicain de San Marco, tout proche, un jeune moine peintre surnommé Fra Angelico. Celui-ci vint nuitamment peindre le visage de Marie et, pour signer son œuvre, donna ses propres traits au visage de l'ange Gabriel. Quand Bartolomeo se réveille et découvre sa fresque achevée, il demande qui a produit cette merveille. Ses amis lui répondent sans mentir : « È un intervento miraculoso del Angelico ! » Alors, le brave Bartolomeo se répandit dans toute la ville en proclamant qu'un ange était venu peindre les visages de Marie et de l'ange Gabriel.

Cette délicieuse Marie de l'Annonciation devint l'objet d'une vénération universelle et des milliers de copies en furent réalisées. Tous les grands de ce monde, jusqu'au pape, voulaient en posséder un exemplaire pour soutenir leur dévotion privée. Voici l'une de ces copies, peut-être par Luca Signorelli, sans doute la plus belle qui fût.

La Vierge de l'Annonciation
anonyme
huile sur métal, 19 x 13 cm

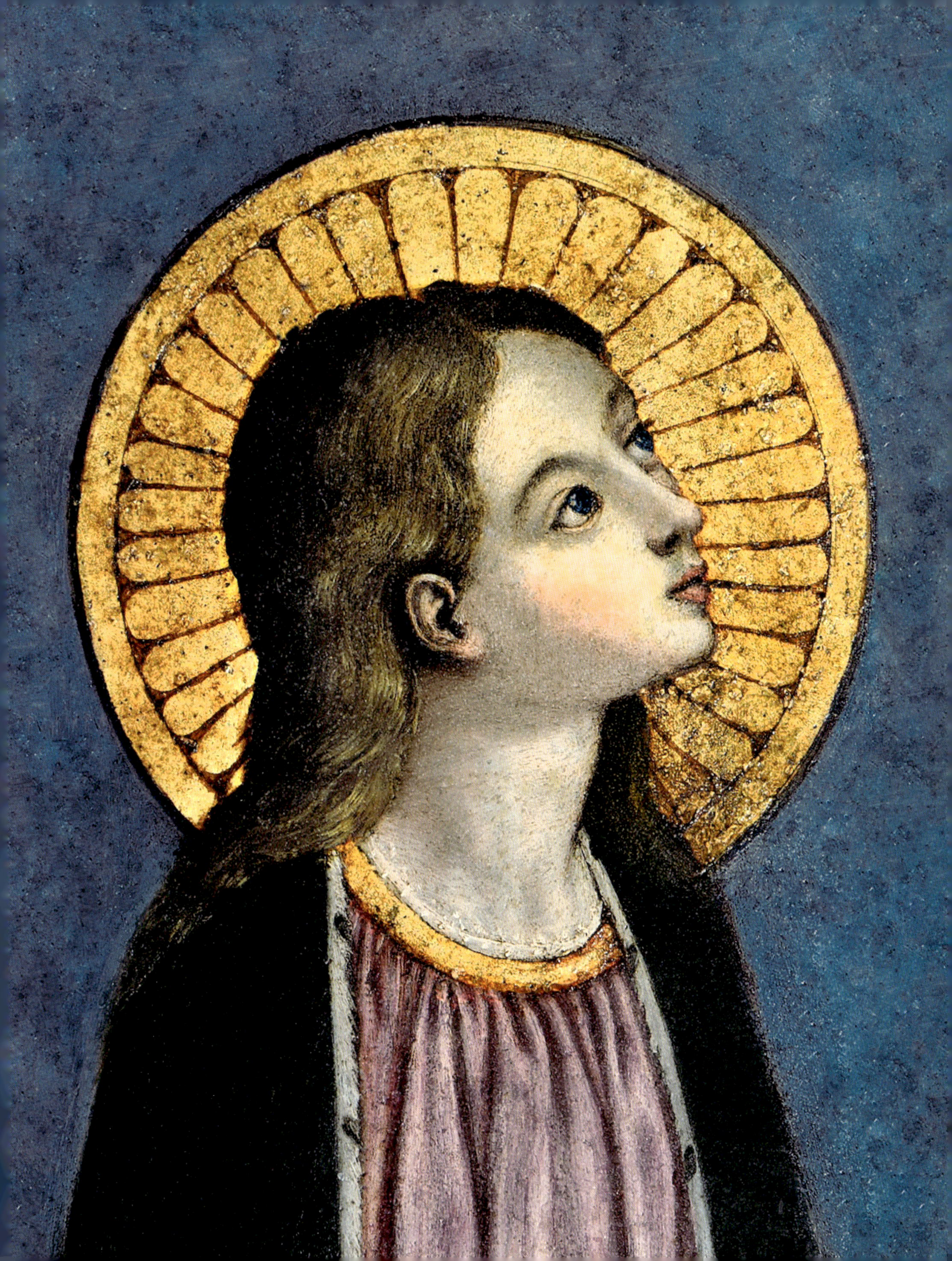

Paisible matinée
Verger sous sa rosée
Lieu de sa sainteté
Je te salue

La limpide se trouble
Cherche l'ombre des cils
Un soleil s'ouvre en elle
Cœur qui l'éblouit

Nuit très pure ne crains point
C'est de toi que l'aube point
C'est de ton obscurité
Que naît le soleil des mondes

En son nom d'Emmanuel
Le resplendissant se cache
Ta parfaite humilité
Enfante la Majesté

Pierre Emmanuel

Commencement des Merveilles du Christ
L'Annonciation

Iam caeca vis mortalium
venerans inanes naenias,
vel aera vel saxa algida
vel ligna credebat Deum.

Haec dum sequuntur perfidi,
praedonis in ius venerant
et mancipatam fumido
vitam barathro immerserant.

Stragem sed istam non tulit
Christus cadentum gentium ;
impune ne forsan sui Patris
periret fabrica,

Mortale corpus induit ut,
excitato corpore,
mortis catenam frangeret hominemque
portaret Patri.

Hic ille natalis dies,
quo te Creator arduus
spiravit et limo indidit,
Sermone carnem glutinans.

O quanta rerum gaudia alvus
pudica continet,
ex qua novellum saeculum
procedit et lux aurea !
Amen.

Quand le genre humain aveuglé
ne croyait qu'à de vaines fables,
il adorait comme son dieu
le bois et l'airain et la pierre.

En suivant ces chemins perfides,
il tomba au pouvoir du diable ;
au fond du cachot ténébreux,
il menait une vie d'esclave.

Mais le Christ ne put tolérer ce désastre
où sombraient les hommes ;
il refusa que fût détruit l'ouvrage
de son propre Père.

Il revêtit un corps mortel
afin que ce corps ressuscite,
brisant les chaînes de la mort
et portant l'homme jusqu'au Père.

Voici l'anniversaire, ô Christ,
du jour où Dieu, l'auteur du monde,
d'un souffle t'unit au limon,
liant la chair avec le Verbe.

Oh ! quelle joie pour l'univers se prépare
au sein de la Vierge,
d'où vont naître les temps nouveaux,
un âge d'or et de lumière !
Amen.

Cette *Annonciation aux fleurs* aurait été peinte par Carlo Maratta pour être offerte en cadeau de mariage à sa fille, Faustina. Jeune et déjà célèbre poétesse, Faustina était d'une si radieuse beauté que l'on disait qu'elle avait reçu de dame Nature « tous les charmes, tous les dons et toutes les grâces ». Cela n'avait pas échappé au fils cadet du duc de Genzano, seigneur du lieu où résidait Carlo Maratta, à vingt kilomètres au sud de Rome. Las de voir ses avances repoussées, il entreprit avec ses sbires d'enlever la jeune fille en pleine messe. Mais celle-ci, réussissant à s'emparer d'une épée, se défendit hardiment et parvint à s'enfuir par une fenêtre de la sacristie. Elle conserva de l'algarade une longue balafre sur le visage. Craignant pour sa fille, Carlo Maratta abandonna Genzano pour se réfugier à Rome. Faustina y épousa, deux ans plus tard, en 1705, un avocat, lui aussi poète renommé. Leur mariage d'amour irradiait un tel bonheur qu'il en devint proverbial, et leur villa romaine se transforma en centre de réunion où convergeait tout ce que la ville éternelle comptait d'écrivains et d'artistes. Scarlatti et Haendel y demeuraient lors de leurs séjours à Rome.

Dans ce tableau, le choix du thème de l'Annonciation par le père de Faustina n'est pas anodin. Il reconnaît à sa fille la pureté de cœur et la modestie des sentiments qui sont les conditions premières de l'accomplissement du dessein de Dieu en nous. Le thème de l'Annonciation habite aussi la couronne de fleurs qui entoure l'œuvre. Pour le découvrir, allons à la rencontre du sens symbolique de chaque espèce de fleurs, tel que le comprenaient les artistes de cette époque (en partant du haut, vers la droite). La tulipe, par les seize variétés ici représentées, manifeste les multiples grâces dont Marie était comblée. La boule-de-neige symbolise les mille talents de la mère de famille, exercés dans le silence, l'humilité, la discrétion. La grande pervenche bleue rappelle la Pâque qu'aura à traverser toute vie totalement donnée pour ceux qu'on aime.

L'Annonciation
Carlo Maratta
(Camerano, 1625 – Rome, 1713)
huile sur toile, 101 x 75 cm

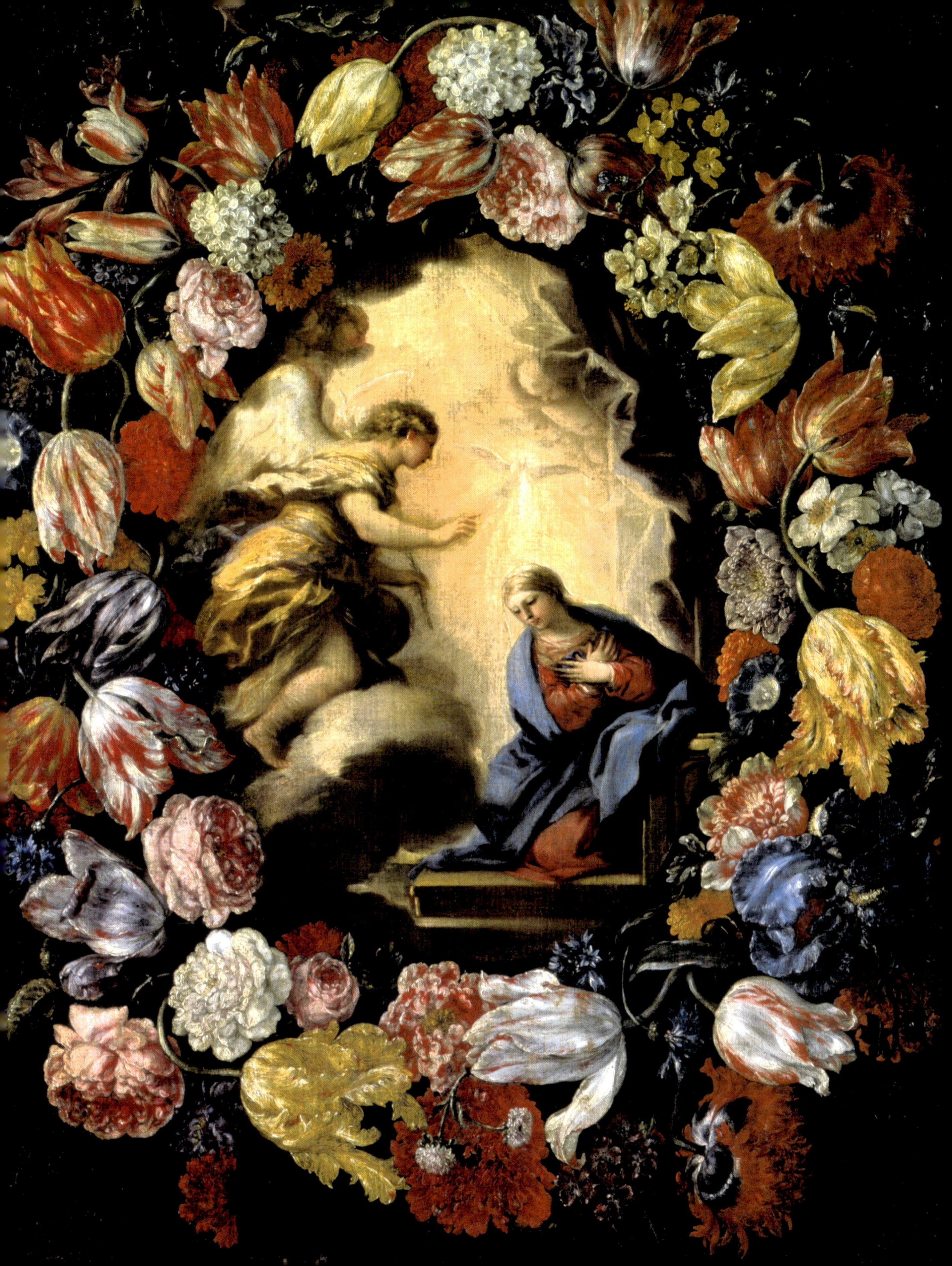

La rose symbolise les différentes formes de l'amour de Marie : blanc, virginal ; rose, conjugal ; rouge, maternel, uni au sacrifice du Christ. La capucine jaune représente l'amour souffrant de Marie entre la mort de son fils et sa résurrection, la souffrance des veuves et des mères qui perdent un enfant. La fleur d'oranger évoque les attributs de la jeune mariée : pureté, chasteté, fertilité. L'œillet rouge est le symbole de l'alliance et de la fidélité. L'églantine, par ses cinq pétales, représente les cinq plaies du Christ. L'anémone double mauve est le symbole de la renaissance et de la réconciliation. La belle-de-jour bleue évoque la précarité et la vanité de la vie humaine, mais aussi la promesse de résurrection. L'iris bleu, en forme de glaive, représente les sept douleurs de Marie. Le bleuet est uni au blé comme le destin de Marie est uni à celui de son fils. De cette fleur vient le « bleu marial ». L'ail blanc figure la force et le courage ; la défaite de l'antique serpent. Le narcisse jaune (petite jonquille) symbolise la beauté simple (qui ne provoque pas plus le narcissisme que la concupiscence), celle des fleurs des champs comme celle des épouses chrétiennes. L'hémérocalle (lis rouge) représente le sacrifice consenti par amour, comme promesse de vie éternelle. Le lis blanc, symbole de la virginité consacrée, figure dans la main de l'ange Gabriel et non dans la couronne florale. Dans cette dernière, on voit bien comment la symbolique particulière de chacune des fleurs induit un sens général de la composition qui convient à un cadeau de mariage. Les qualités de la très sainte Vierge Marie sont les qualités dont ne doit cesser de s'inspirer la jeune épousée.

9

ARCHE VIVANTE DE L'ALLIANCE
Le mariage de la Vierge

Vox dilecti mei
ecce iste venit
saliens in montibus
transiliens colles.
Similis est dilectus meus capreae
hinuloque cervorum.
En ipse stat post parietem nostrum
despiciens per fenestras
prospiciens per cancellos.
Et dilectus meus loquitur mihi :
surge, propera, amica mea
columba mea, formonsa mea et veni…
Iam enim hiemps transiit
imber abiit et recessit.
Flores apparuerunt in terra,
tempus putationis advenit
vox turturis audita est in terra nostra.
Ficus protulit grossos suos
vineae florent dederunt odorem
surge, amica mea, speciosa mea et
veni columba mea…
Amen.

La voix de mon bien-aimé !
C'est lui, il vient…
Il bondit sur les montagnes,
il court sur les collines,
mon bien-aimé pareil à la gazelle,
au faon de la biche.
Le voici, c'est lui qui se tient derrière notre mur :
il regarde aux fenêtres,
guette par le treillage.
Il parle, mon bien-aimé, il me dit :
Lève-toi, hâte-toi, mon amie,
ma colombe, ma toute belle, et viens…
Vois, l'hiver s'en est allé,
les pluies ont cessé, elles se sont enfuies.
Sur la terre apparaissent les fleurs,
le temps des chansons est venu
et la voix de la tourterelle s'entend sur notre terre.
Le figuier a formé ses premiers fruits,
la vigne fleurie exhale sa bonne odeur.
Lève-toi, mon amie, ma gracieuse,
ma colombe et viens…
Amen.

On trouve un « récit » du mariage de Joseph avec Marie dans les évangiles apocryphes et dans *La Légende dorée* de Jacques de Voragine. Rompant avec cette imagerie traditionnelle, Le Greco abandonne la composition pyramidale ou la frise, chère aux artistes de la Renaissance. Les éléments d'architecture sont remplacés par la grande tenture aux plis serrés qui évoque le rideau du Temple. La couronne formée par ces personnages majestueux, en une liturgie immobile, s'ouvre en direction du spectateur et lui permet d'admirer le geste du grand prêtre qui accompagne l'union des mains de Marie et de Joseph. Le regard, guidé par la perspective du pavement, s'attarde ensuite sur les amples vêtements : le manteau de Marie varie du blanc au bleu pour rappeler sa pure virginité et son avenir azuré de Reine du ciel. Les plis du manteau de Joseph se composent d'un jaune lumineux, signe de la grâce divine qui lui a confié le Fils de Dieu, et d'un vert profond, comme celui d'un arbre sous l'ombre duquel l'enfant et la mère pourront trouver refuge et protection. L'officiant, lui, porte un vêtement aux vibrations satinées, reflet du sacrement à l'œuvre ici. La virtuosité du Greco revêt chaque acteur de la scène de la présence divine.

Marie et Joseph ont les yeux baissés, profondément émus en cet instant. Car il se joue en un même sacrement l'union d'un homme et d'une femme, dans l'intimité tendre du couple, mais aussi l'union de la terre et du ciel puisqu'ils sont appelés à être les parents de Dieu. Homme/femme, terre/ciel, humanité/divinité, dans le plan créateur de Dieu, ils ne sont plus deux mais un. Par quel miracle ? Par le miracle de l'amour ! Jusqu'à l'unité finale où Dieu sera tout en tous, l'œuvre de Dieu est appelée à être réalisée par ses créatures, parce qu'elles s'aiment !

Le mariage est le sacrement par lequel le Père déploie sa volonté d'amour sur l'homme et la femme, créés ensemble, à dessein, à son image et à sa ressemblance. Et ce, depuis l'origine du monde jusqu'à sa fin eschatologique, depuis *homme et femme il les créa* (Gn 1, 27) jusqu'à *l'Esprit et l'Épouse disent : Viens !* (Ap. 22, 17). Dieu est amour, il crée par amour pour l'amour. La chute et le péché sont tragiques parce que ce dessein bienveillant se brise sur la concupiscence.

Mais le plan fondé sur le sacrement de mariage n'est pas démenti, bien au contraire il est transfiguré. Et quelle transfiguration que celle qui nous a valu un tel Rédempteur ! Toute l'histoire du salut s'inscrira dans la restauration du sacrement de mariage originel. Les parents du Sauveur du monde étaient mariés. Et celui-ci inaugurera sa mission par les noces de Cana (Jn 2, 1-11).

Le Mariage de la Vierge (1610)
Dominikos Theotokopoulos, dit Le Greco
(Candie, 1541 – Tolède, 1614)
huile sur toile, 110 x 83 cm

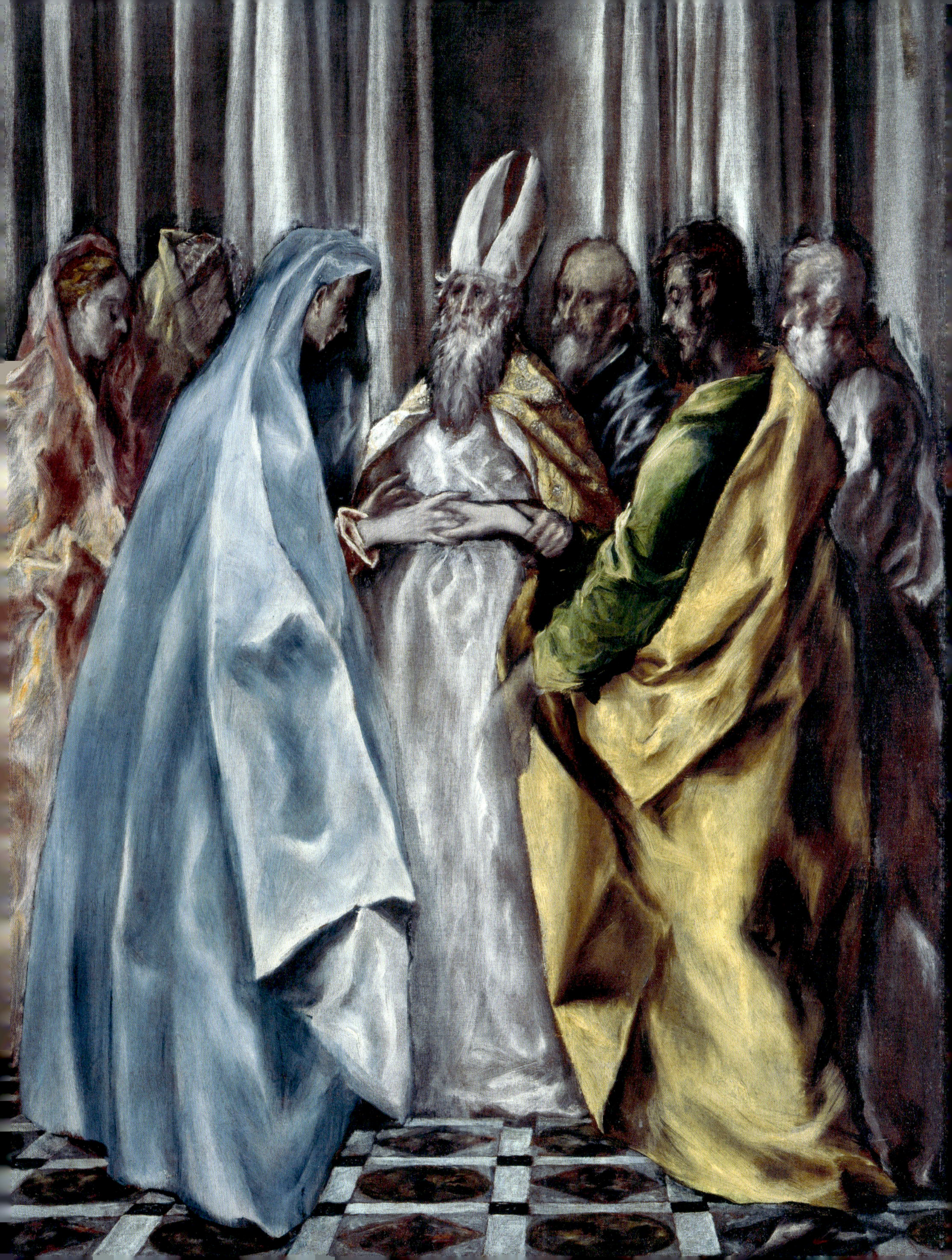

Bien que ce soit un couple concret qui reçoive la grâce du sacrement de mariage, c'est néanmoins de la part de l'Église, dans l'Église et pour l'Église qu'il la reçoit. Et c'est l'Église universelle tout entière qui est présente à chaque noce, car le sacrement du mariage est celui de l'union à l'image du Christ et de l'Église ; on peut dire que c'est le sacrement de la vie dans l'Église.

Pour saint Paul déjà, l'union des époux est une « petite Église », une « Église domestique », la cellule organique de l'Église ; elle est aussi le corps du Christ, son atome, son aspect individuel dans lequel tout le Corps est reflété. De même qu'une paroisse est l'Église, tout en demeurant une de ses parties…

C'est en partant du mariage que commencera la transfiguration du monde qui est dès maintenant en action. Le mariage est le point crucial, à l'intérieur même de l'homme, où la plénitude originelle devient la plénitude à venir.

Saint Clément de Rome cite à ce propos un intéressant agraphon : « Quelqu'un lui ayant demandé quand viendra le Règne de Dieu, le Seigneur dit : Lorsque deux seront un… »

PAUL EVDOKIMOV

10

LES TROIS SCEAUX D'OR PUR
La Theotokos

Agnoscat omne saeculum
venisse vitae praemium ;
post hostis asperi iugum
apparuit redemptio.

Isaias quae praecinit
completa sunt in Virgine ;
annuntiavit Angelus,
Sanctus replevit Spiritus.

Maria ventre concipit
verbi fidelis semine ;
quem totus orbis non capit,
portant puellae viscera.

Adam vetus quod polluit,
Adam novus hoc abluit ;
tumens quod ille deicit,
humillimus hic erigit.

Christo sit omnis gloria,
Dei Parentis Filio,
quem Virgo felix concipit
Sancti sub umbra Spiritus.
Amen.

Que le monde entier confesse
l'avènement de la grâce de vie ;
après le joug du cruel ennemi,
la rédemption a été manifestée.

Au sein de la Vierge,
la prophétie d'Isaïe s'est accomplie ;
l'Ange la lui a annoncée,
l'Esprit Saint l'a réalisée.

Marie a conçu en son sein,
par une parole de foi féconde ;
celui que l'univers ne peut contenir,
les entrailles d'une jeune fille le porte.

Ce que le vieil Adam a souillé,
le nouvel Adam l'a purifié ;
ce que l'un a ruiné par sa superbe,
l'autre le relève par son abaissement.

Toute gloire soit au Christ,
Fils de Dieu le Père,
lui que l'heureuse Vierge a conçu
à l'ombre de l'Esprit Saint.
Amen.

Cette icône de grande dimension a été peinte en Russie autour du XIIe siècle. Ses couleurs se sont patinées avec le temps et les visages de Marie et du Christ ont vraisemblablement été repeints au XVIIe siècle. Sur un fond d'or qui symbolise la lumière divine, la Vierge Marie apparaît en taille réelle. À droite et à gauche, dans des médaillons, deux archanges attestent que les bons anges ne concevront ni colère ni révolte de ce que leur Dieu se fît homme et que l'homme soit divinisé sous le signe de la croix.

Voici donc Marie en prière, mains élevées et ouvertes, telle une orante. L'art de l'icône a très vite repris, pour l'appliquer à la Mère de Dieu, ce modèle de la *pietas* romaine, modèle qui fut aussi adopté par la liturgie comme geste du prêtre pendant la prière eucharistique. Marie porte un manteau de pourpre en signe de sa royauté céleste. Celui-ci est frappé de trois sceaux d'or, deux sur les épaules et un sur le front, qui sont les marques des relations privilégiées de Marie avec chacune des trois personnes de la Trinité : le Père qui la créa, l'Esprit Saint qui la couvrit de son ombre, le Fils qu'elle conçut et enfanta. Plus tard, ces marques signifieront aussi la virginité de Marie, avant, pendant et après la naissance de Jésus. Aux pieds de Marie, un tapis précieux, situé hors de toute perspective, rappelle le tapis qu'à Constantinople on glissait sous les pieds de l'impératrice quand elle trônait. Ce tapis symbolise aussi la nuée qui portera Marie au ciel lors de l'Assomption. Au cœur de la Vierge Marie apparaît l'Enfant Jésus. Il est clairement représenté comme le Dieu tout-puissant, *Pantocrator*. D'un même mouvement, de sa main droite il crée l'univers visible et invisible, et de sa main gauche il le recrée par sa bienheureuse incarnation.

Cette icône nous invite à méditer le mystère insondable de notre Dieu qui donne la plus grande preuve de sa toute-puissance dans sa *kénose*, c'est-à-dire dans la renonciation même qu'il fit, au bénéfice de nous tous et de chacun d'entre nous, à toute forme de puissance.

Notre-Dame de la Grande Panagia (v. 1220)
icône russe
193,2 x 120,5 cm

- 54 -

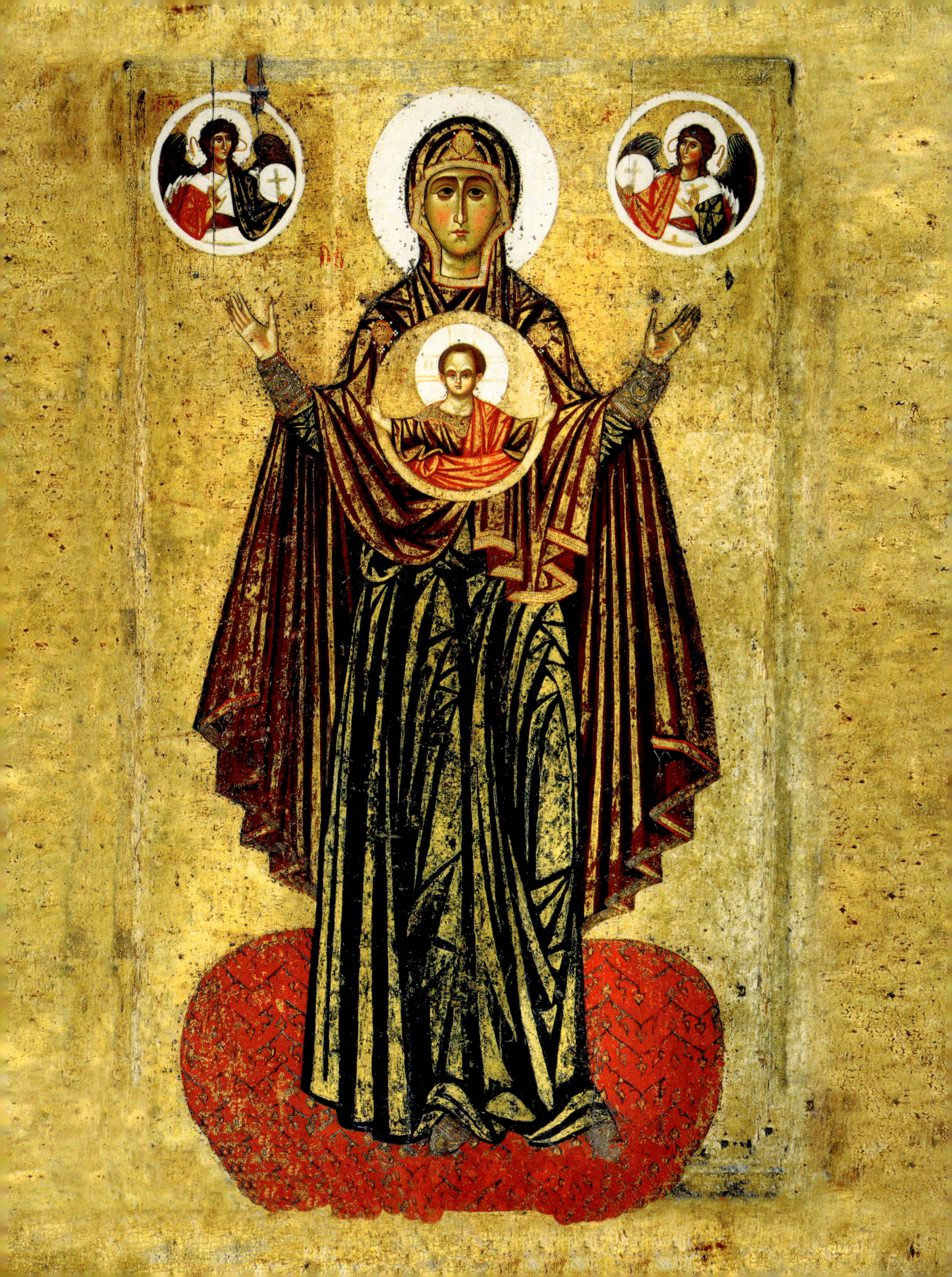

Ô Marie, Temple de la Trinité,
Ô Marie, porteuse de feu,
Marie, distributrice de Miséricorde,
Marie, qui as fait germer le fruit divin !...
Ô Marie, mer tranquille,
distributrice de paix,
Marie, terre féconde.
Tu es l'arbre nouveau
qui a porté la fleur odorante du Verbe,
Fils unique de Dieu.
En toi, terre féconde,
fut semé le Verbe.
Tu es à la fois la terre et l'arbre.
Ô Marie, bénie sois-tu à jamais
entre toutes les femmes,
car en ce jour
tu nous as donné le pain de ta farine :
la divinité a été unie et pétrie avec l'humanité,
si fortement que rien désormais,
ni la mort ni nos ingratitudes,
ne pourra rompre l'union.

Ainsi soit-il.

SAINTE CATHERINE DE SIENNE

11

Tressaillez de Joie !
La Visitation

Veniens, mater inclita,
cum Sancti dono Spiritus,
nos ut Ioannem visita
in huius carnis sedibus.

Procede, portans parvulum,
ut mundus possit credere
et tuae laudis titulum
omnes sciant extollere.

Saluta nunc Ecclesiam,
ut tuam vocem audiens
exsurgat in laetitia,
adventum Christi sentiens.

Maria, levans oculos,
vide credentes populos :
te quaerunt piis mentibus,
his opem feres omnibus.

O verae spes laetitiae,
nostrae portus miseriae,
nos iunge caeli curiae
ornatos stola gloriae.

Tecum, Virgo, magnificat
anima nostra Dominum,
qui laude te nobilitat
et hominum et caelitum.
Amen.

Viens, illustre Mère,
avec le don de l'Esprit Saint,
fais-nous la grâce de ta visite,
comme à Jean au sein d'Élisabeth.

Avance, portant ton enfant,
afin que le monde puisse croire,
et que tous sachent exalter
ton titre de gloire.

Salue maintenant l'Église,
pour qu'au son de ta voix elle se lève,
exultant de joie,
pressentant l'avènement du Christ.

Marie, lève les yeux !
Vois le peuple des croyants !
Ils te cherchent d'un cœur filial :
tu seras leur secours à tous.

Ô joie de la véritable espérance,
havre de notre misère,
réunis-nous à la cour céleste,
parés de la robe de gloire.

Avec toi, Vierge,
notre âme exalte le Seigneur,
qui t'honore de notre louange
dans la communion des saints.
Amen.

Au XVᵉ siècle, la représentation de la Visitation est devenue beaucoup plus qu'une simple narration graphique de l'Évangile de Luc (1, 39-56), mais le support de la contemplation du mystère de Dieu qui visite et rachète son peuple. De prime abord, la *Visitation* de Pietro Orioli représente une touchante réunion de famille, vue selon les évangiles apocryphes. Voici que Zacharie et Élisabeth, cousins germains de la Vierge Marie (Anne, la mère de Marie avait une sœur, Ismérie, qui était la mère d'Élisabeth), accueillent Marie de Nazareth au parvis de leur demeure. Celle-ci est accompagnée de deux de ses sœurs (ou belles-sœurs) Marie Salomé (blonde), épouse de Zébédée, et Marie de Cléophas (brune). Les quatre femmes présentes sont visiblement enceintes, respectivement de Jean Baptiste, de Jésus, de Jacques le Majeur et de Jacques le « frère du Seigneur » (et premier évêque de Jérusalem). Cependant, pour bien montrer que la grossesse de Marie de Nazareth est incomparable à celle de toute autre femme, l'artiste a revêtu la Mère de Dieu d'une robe blanche immaculée, symbole à la fois du baptême reçu par avance et de la virginité préservée. Au-delà de l'anecdotique, cette réunion de famille a une profonde signification symbolique : les mains entrelacées d'Élisabeth, la femme très âgée, et de Marie, plus jeune que le péché, signifient le passage de témoin entre le peuple élu et l'Église, entre l'ancienne Alliance et l'Alliance nouvelle et éternelle. À droite du tableau, l'Ancien Testament est représenté par Zacharie, le grand-prêtre, par Élisabeth, qui porte Jean Baptiste, le dernier des prophètes, et par une servante, personnification de la Loi s'effaçant devant le Verbe fait chair, qu'elle figurait. À gauche, le Nouveau Testament est représenté par la Vierge Marie. Présent dans le tabernacle de son sein, le Sauveur du monde annoncé par les prophètes est authentifié par le tressaillement de Jean Baptiste. Et voici les deux autres Marie, elles sont enceintes des Apôtres, futurs piliers de l'Église du Christ. Elles se tiendront, fidèles, au pied de la croix et seront au tombeau les premiers témoins de la résurrection.

La Visitation (1490)
Pietro di Francesco degli Orioli
(Sienne, 1458 – Sienne, 1496)
panneau central du triptyque
détrempe sur bois, 234 x 181 cm

VDE HOC MICHI VT VENIAT MATER DNI MEI AD ME

À la voix de Marie et à sa salutation, l'enfant tressaillit en son sein ; et remplie du Saint-Esprit elle s'écria. Ce grand cri de sainte Élisabeth marque tout ensemble et sa surprise et sa joie : *Vous êtes bénie entre toutes les femmes, et le fruit de vos entrailles est béni.* Celui que vous y portez est celui en qui toutes les nations seront bénies : il commence par vous à répandre sa bénédiction : *D'où me vient ceci, que la Mère de mon Seigneur vienne à moi ?* (Lc 1, 41-43). Les âmes que Dieu aborde, étonnées de sa présence inespérée, le premier mouvement qu'elles font est de s'éloigner en quelque sorte, comme indignes de cette grâce : *Retirez-vous de moi, Seigneur,* disait saint Pierre, *parce que je suis un pécheur* (Lc 5, 8). Et le centenier : *Seigneur, je ne suis pas digne que vous entriez dans ma maison* (Mt 8, 8). Dans un semblable sentiment, mais plus doux, Élisabeth, quoique consommée dans la vertu, ne laisse pas d'être surprise de se voir approchée par le Seigneur d'une façon si admirable. *D'où me vient ceci, que la Mère de mon Seigneur, et qui le porte dans son sein, vienne à moi ?* Elle sent que c'est le Seigneur qui vient lui-même, mais qui vient et qui agit par sa sainte Mère : *À votre voix*, dit-elle, *l'enfant que je porte a tressailli dans mon sein* (Lc 1, 44). Il sent la présence du maître, et commence à faire l'office de son précurseur ; si ce n'est encore par la voix, c'est par ce soudain tressaillement : la voix même ne lui manque pas, puisque c'est lui qui secrètement anime celle de sa mère. Jésus vient à lui par sa mère, et Jean le reconnaît par la sienne. Élisabeth, comme revenue de son étonnement, s'étend sur la louange de la sainte Vierge : *Vous êtes heureuse d'avoir cru ; ce qui vous a été dit par le Seigneur sera accompli* (v. 45).

Jacques-Bénigne Bossuet

12

TABERNACLE DU DIEU VIVANT
La Vierge enceinte

Quem terra, pontus, sidera,
colunt, adorant, praedicant,
trinam regentem machinam
claustrum Mariae baiulat.

Cui luna, sol et omnia
deserviunt per tempora,
perfusa caeli gratia,
gestant puellae viscera.

Beata Mater munere,
cuius, supernus Artifex
mundum pugillo continens,
ventris sub arca clausus est.

Beata caeli nuntio,
fecunda Sancto Spiritu,
desideratus gentibus,
cuius per alvum fusus est !

Iesu, tibi sit gloria,
qui natus es de Virgine,
cum Patre, et almo Spiritu,
in sempiterna saecula.
Amen.

Celui que la terre, la mer et le ciel
ne cessent d'adorer et de magnifier,
lui, le Régent trine du cosmos,
Marie le porte en elle.

Nimbée de la grâce céleste,
une jeune fille est enceinte
de celui que la lune, le soleil et les astres
servent de tous temps.

Sainte Mère munificente,
le Créateur souverain,
qui tient l'univers entier en sa main,
est confiné à la cellule de ton sein.

Bienheureuse Vierge de l'Annonciation,
fécondée par l'Esprit Saint :
le Désiré des nations
est le fruit de tes entrailles !

Jésus, né d'une vierge,
à toi soit la gloire,
avec le Père et l'Esprit Saint bienfaisant
pour les siècles des siècles.
Amen.

Cette représentation de la Vierge Marie enceinte date de la fin du XVe siècle. Un ensemble de symboles atteste que c'est bien l'image de la Mère de Dieu qui est proposée à notre dévotion : tenant dans sa main, comme un sceptre, le lis de sa perpétuelle virginité, Marie est couronnée et assise sur un trône. Derrière elle, deux anges tendent un dais semé de soleils et d'aigles blancs, en référence au livre de l'Apocalypse. *Un signe grandiose apparut dans le ciel : une Femme, ayant le soleil pour manteau. Elle était enceinte. Alors furent données à la Femme les deux ailes du grand aigle pour s'envoler au désert* (Ap 12, 1.2.14). Enfin, Marie ne lit pas le livre qu'elle tient ouvert ; au contraire, elle nous en propose la lecture, nous invitant à chanter en son honneur l'hymne *Mater ave Christi*.

« Salut, Mère du Christ, très sainte Vierge Marie,
Toi qui es demeurée intacte avant, pendant, et après ton accouchement. »

Dans cette structure symbolique archaïsante, on est surpris que l'artiste propose une représentation de Marie aussi réaliste. Dans une icône, il a osé peindre le portrait d'une vraie femme enceinte, sans doute celui de son épouse ! On redescend sur terre. Marie est non seulement la *Platytera ton ouranon*, la « plus vaste que l'univers » des Byzantins, qui porte celui qui porte tout, mais encore le « paradis du nouvel Adam », selon la belle expression de saint Louis-Marie Grignion de Montfort. C'est qu'à l'aube de la Renaissance, l'art chrétien vise non plus seulement à nourrir la contemplation des vérités éternelles de foi, mais encore à proposer l'imitation de modèles dans la vie réelle. Alors, contemplons cette Vierge Marie à terme, tabernacle vivant de l'Incarnation, pour imiter sa bienheureuse attente du Seigneur. Dans une intimité unique avec son fils – avec son Dieu ! –, elle attend de sa délivrance la manifestation du Messie promis à ses pères. Apprenons d'elle à attendre la venue de notre Sauveur, en rejetant tout ce qui nous pousse à fuir l'humble persévérance que requiert notre vocation propre. Apprenons d'elle cette joyeuse vigilance de tous les instants, qui sait lire dans le cours des petites tâches quotidiennes les signes de la venue du Seigneur. Apprenons d'elle ce qu'est vraiment le miracle de Noël, pour l'avoir, avec elle, longuement porté et intensément désiré.

Madonna del Parto
Maître de la Madonna del Parto
(Italie, actif entre 1390 et 1410)
huile sur bois, 188 x 138 cm

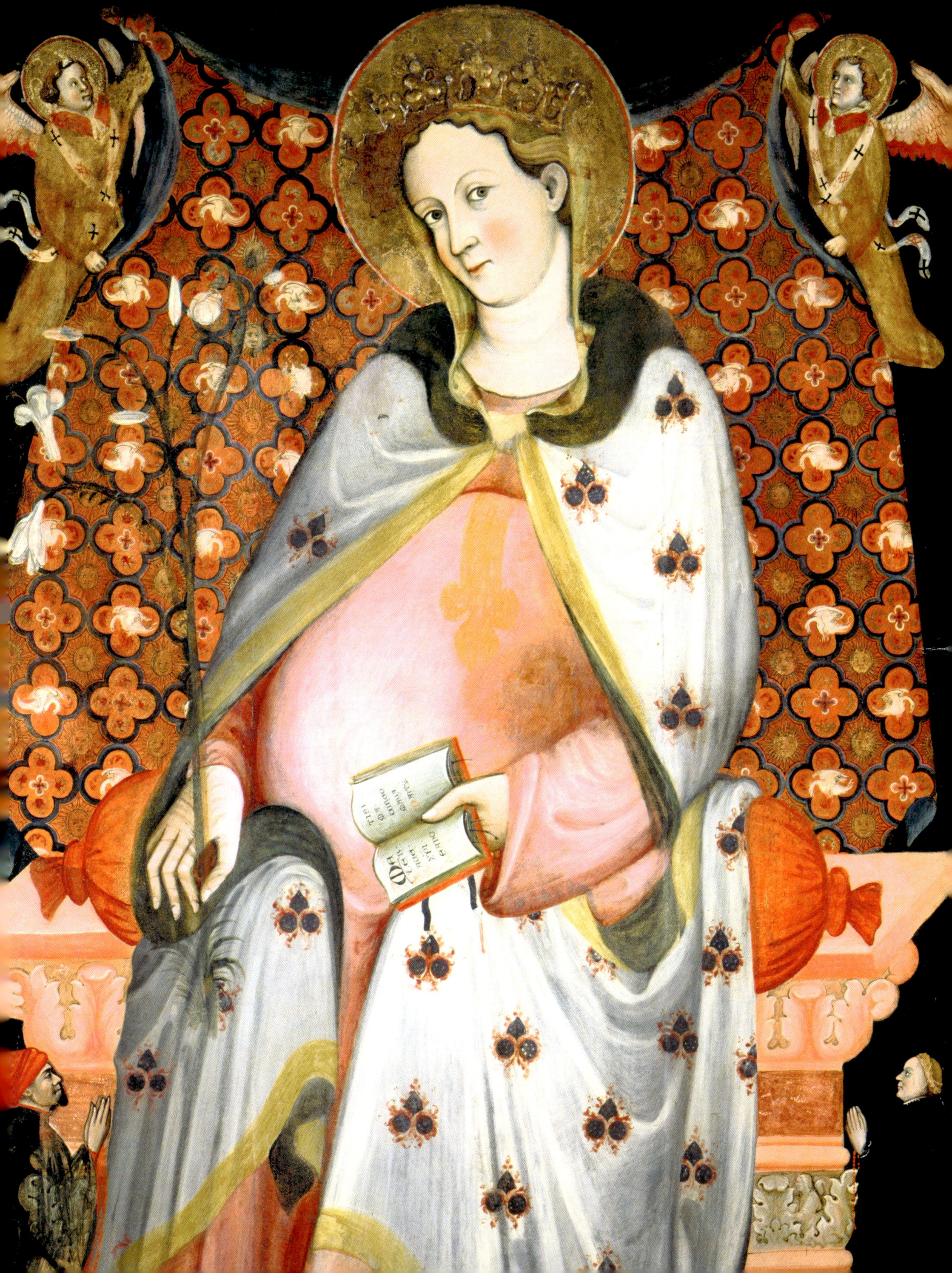

Ici, mes bien-aimés frères, pesez, je vous en conjure, combien nous sommes obligés à la bienheureuse Mère de Dieu, et quelles actions de grâces nous lui devons rendre après Dieu pour un si grand bienfait. Car ce corps du Christ qu'elle a engendré et porté dans son sein, qu'elle a enveloppé de langes, qu'elle a nourri de son lait avec une si maternelle sollicitude, c'est ce même corps que nous recevons de l'autel; c'est son sang que nous buvons au sacrement de notre rédemption. Voilà ce que tient la foi catholique, et ce que la sainte Église enseigne. Non, il n'est pas de parole humaine qui soit capable de louer dignement celle de qui le Médiateur de Dieu et des hommes a pris sa chair. Quelque honneur que nous lui puissions donner, il est au-dessous de ses mérites, puisque c'est elle qui nous a préparé de ses chastes entrailles la chair immaculée qui nourrit les âmes. Ève a mangé un fruit qui nous a privés de l'éternel festin; Marie nous en présente un autre qui nous ouvre l'entrée du banquet céleste.

SAINT PIERRE DAMIEN

L'Engendrement de la Lumière
La Nativité

O GLORIOSA DOMINA
excelsa super sidera,
qui te creavit provide,
lactas sacrato ubere.

Quod Eva tristis abstulit,
tu reddis almo germine;
intrent ut astra flebiles,
Caeli fenestra facta es.

Tu regis alti ianua
et porta lucis fulgida;
vitam datam per Virginem,
gentes redemptae, plaudite.

Gloria tibi, Domine,
qui natus es de Virgine,
cum Patre et Sancto Spiritu
in sempiterna saecula.
Amen.

Ô glorieuse souveraine,
élevée au-dessus des astres,
qui de ton sein sanctifié as allaité
providentiellement ton Créateur.

Ce que la malheureuse Ève nous enleva,
tu le rends par ta sainte fécondité ;
tu es la voie par où ceux qui pleurent
l'Éden vont pouvoir entrer au Ciel.

Tu es la porte du grand Roi,
l'éclatant passage de la lumière.
Ô peuples rachetés,
applaudissez la vie née de la Vierge !

Gloire à toi, Seigneur,
qui es né de la Vierge,
avec le Père et le Saint-Esprit
dans les siècles des siècles.
Amen.

Peintre d'origine flamande établi en Italie, Giovanni Calcar travailla avec Raphaël et Titien. On raconte qu'il devint si habile à imiter ces deux maîtres qu'eux-mêmes étaient incapables de distinguer la copie de l'original ! Comme on le voit ici, Calcar aime les belles étoffes précieuses et leurs reflets caressants. La robe de l'ange au premier plan est, à cet égard, dans une couleur discrète mais savoureuse, un chef-d'œuvre de goût. Calcar aime aussi les beaux éléments d'architecture, figurant ici, en arrière-plan de la crèche, la ruine du temple de Jérusalem. Il aime également travailler les détails jusqu'au raffinement et, en scrutant cette œuvre, détail après détail, on découvre à quel point il excelle dans cet art. Cependant, au milieu de tant de personnages, de motifs, de détails si bien réussis, l'attention à l'essentiel risquerait de se perdre. Alors, Calcar a l'idée géniale de faire émaner de l'enfant qui vient de naître la lumière qui éclaire son œuvre et lui donne relief. Avec l'artifice d'une chandelle, Georges de La Tour († 1652) poussera ce travail de la lumière qui donne sens à sa perfection. Calcar, lui, n'a pas besoin d'artifice pour nous faire voir réellement ceci :

Le Verbe était la vraie Lumière, qui éclaire tout homme en venant dans le monde (Jn 1, 9).

La Nativité (v. 1520)
Jan Stephan van Calcar
(Calcar, v. 1499 – Naples, v. 1546)
huile sur bois, 85 x 57,5 cm

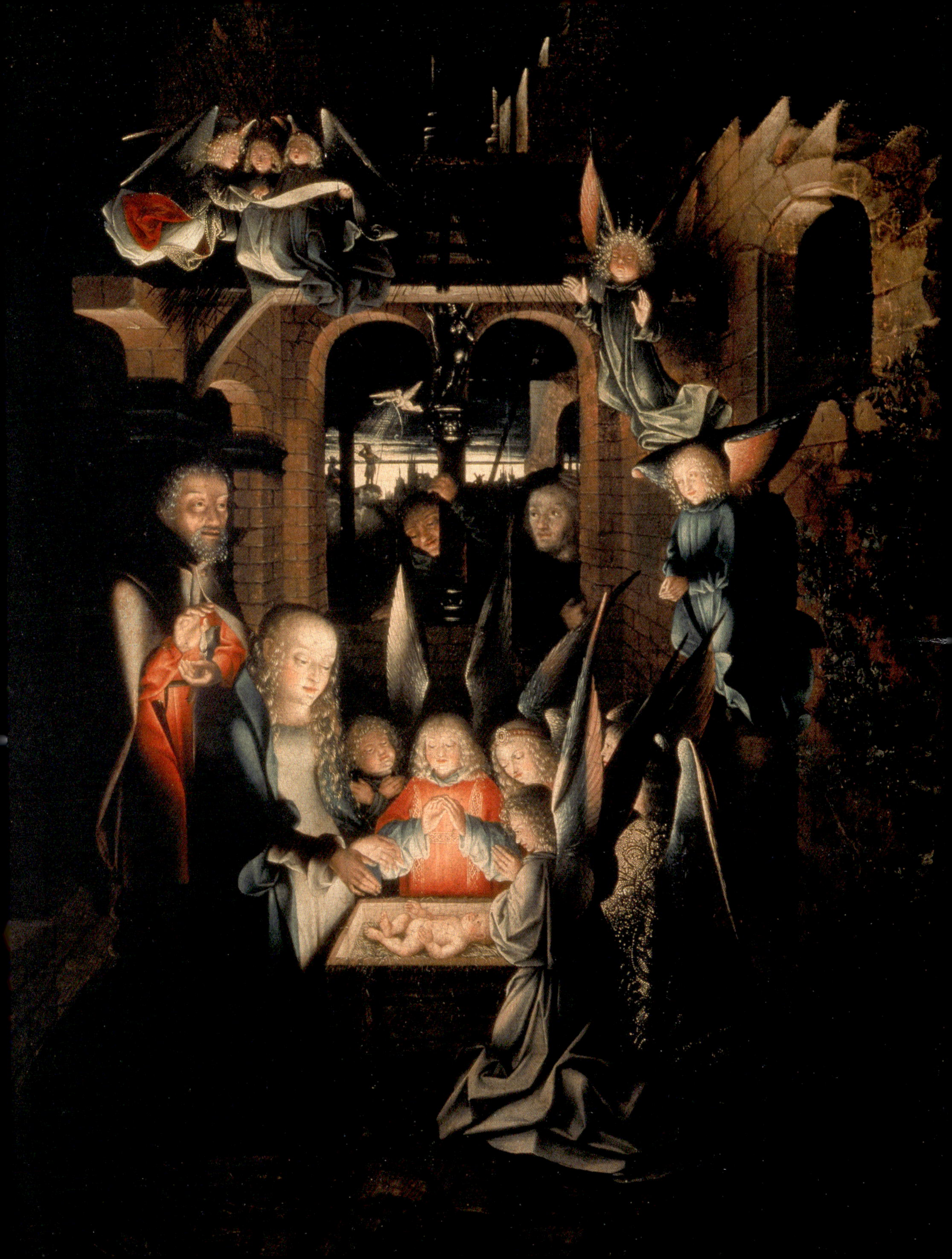

Dis, douce Marie, avec quel tendre amour,
tu regardais ton Enfant Jésus-Christ, mon Dieu.

Lorsque tu l'eus mis au monde sans douleur,
la première chose, je crois bien, que tu fis,
ce fut de l'adorer, ô pleine de grâce.
Puis sur le foin, dans la crèche, tu le posas,
de quelques pauvres langes l'emmaillotas,
tout émerveillée et joyeuse, je crois.

Oh! quelle grande joie tu avais et quel bien
quand tu le tenais dans tes bras maternels!
Dis-le-moi, Marie, car peut-être il convient
que par pitié un peu tu me satisfasses.
Tu mettais alors des baisers sur sa face,
n'est-ce pas, et tu disais: Ô mon enfant!

Tantôt mon enfant, tantôt Père et Seigneur,
tantôt Dieu, tantôt Jésus tu le nommais.
Ô quel doux amour tu sentais dans ton cœur,
quand dans ton giron, serré, tu l'allaitais.
Que de gestes doux, pleins d'amour adorable
tu voyais, étant avec ton doux enfant.

JACOPONE DE TODI

14

LA MÈRE DE DIEU
L'adoration des bergers

Corde natus ex Parentis
ante mundi exordium
Alpha et Omega vocatus,
ipse fons et clausula
omnium quae sunt, fuerunt,
quaeque post futura sunt.

Corporis formam caduci,
membra morti obnoxia
induit, ne gens periret
primoplasti ex germine,
merserat quam lex profundo
noxialis tartaro.

O beatus ortus ille,
Virgo cum puerpera
edidit nostram salutem,
feta Sancto Spiritu,
et puer redemptor orbis
os sacratum protulit.

Gloriam Patri melodis
personemus vocibus;
gloriam Christo canamus,
matre nato virgine,
inclitoque sempiternam gloriam
Paraclito.
Amen.

Il est né du cœur de son Père
avant le commencement du monde,
appelé l'Alpha et l'Oméga,
il est lui-même Source et Fin
de tout ce qui est, a été,
et sera dans le futur.

Il a pris un corps périssable,
des membres promis à la tombe,
afin de sauver de la mort
la race du premier Adam
plongée par la loi du péché
dans les profondeurs de l'Enfer.

Bienheureuse cette naissance,
quand une Vierge qui enfante,
fécondée par le Saint-Esprit,
mit au monde notre Salut
et que l'Enfant, notre Sauveur,
montra son visage sacré !

Faisons retentir : « Gloire au Père ! »
dans une hymne mélodieuse,
et chantons aussi : « Gloire au Christ ! »
– De la Vierge Mère il est né –
et : « Gloire pour l'éternité
à l'Esprit Saint consolateur ! »
Amen.

Juan Bautista Maíno, qui commença élève du Greco et finit maître de Vélasquez, éleva son art aussi haut que le firent les deux sommets qui encadrent sa carrière. Ses contemporains du Siècle d'or, Lope de Vega et Pacheco, l'ont placé au pinacle comme peintre et aux marches du ciel comme homme. À 25 ans, le jeune peintre est à Rome. Il est élève du Caravage, pour le meilleur – il sera l'un des plus brillants héritiers de l'une des ruptures les plus brutales et géniales qu'ait connues l'histoire de l'art : la révolution picturale caravagesque – et pour le pire – il est probable que de 1604 à 1606, il fut un membre assidu de la bande du Caravage, passant ses nuits à s'encanailler dans les tavernes les plus sulfureuses. De retour à Tolède, sa superbe, son talent et son nouveau style rencontrent un succès foudroyant. Et c'est précisément une commande prestigieuse qui va changer sa vie. Le prieur du couvent dominicain de Saint-Pierre-Martyr lui commande alors le grand retable de la nouvelle et grandiose église qui vient d'y être édifiée. Le thème choisi est celui des « Quatre Pâques », c'est-à-dire les quatre événements principaux de la Rédemption : l'Incarnation (notre *Adoration des bergers*), l'Épiphanie, la Résurrection et la Pentecôte. Maíno, qui dut demeurer près de trois ans au couvent pour achever son œuvre, sentit mûrir imperceptiblement en lui une vocation religieuse. Il commença par s'attacher à cette communauté ainsi qu'à l'ordre dominicain. De là, son esprit, son cœur et toute son âme se tournèrent vers celui-là même qui était l'objet transcendant de la vie religieuse qu'il découvrait. Un jour qu'il retouchait *L'Adoration des bergers*, il ressentit un impérieux appel intérieur qui exigeait de lui qu'il changeât radicalement de vie. Tombant à genoux, il se laissa submerger par la grâce qui l'inondait. Quand il recouvra ses esprits, il était allongé sur le dallage, face contre terre, surplombé par son œuvre. Par ce geste prophétique d'une force plastique plus parlante que ses peintures elles-mêmes, les « Quatre Pâques » de Jésus qu'il peignait se prolongeaient, depuis le retable, en une cinquième Pâque, celle de sa profession religieuse. En 1613, à l'âge de 32 ans, Maíno entra dans l'ordre des Prêcheurs.

L'Adoration des bergers
(1612-1614, détail)
Fray Juan Bautista Maíno
(Pastrana, 1581 – Madrid, 1649)
huile sur toile, 314,4 x 174,4 cm

- 70 -

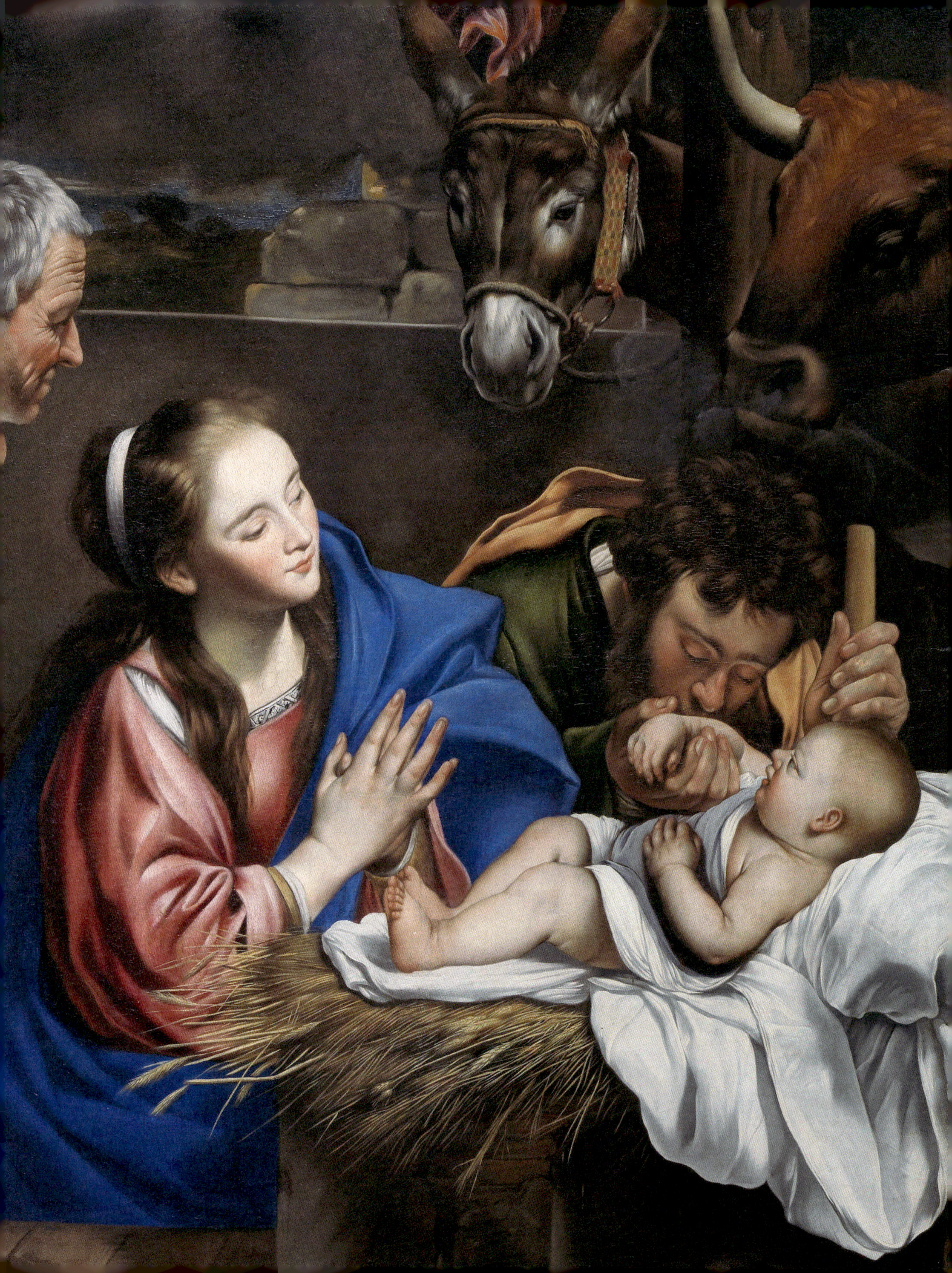

C'est une année toute fraîche.
Jésus est encor dans sa crèche.
Mais c'est fini des bergers et de la musique.
Les Mages sont en train d'arriver du fond de la profondeur Asiatique.
Il neige et puis il fait un peu de soleil.
L'Enfant est tout seul du matin au soir avec son papa et sa maman.
On n'entend rien que cette espèce de fadat de temps en temps
dans la neige qui joue de la flûte,
Les petits ânes qui trottent sec sur la route et les voisins qui se disputent.
Ce paquet qu'on a apporté tout à l'heure, c'est une aumône.
Une chèvre a poussé d'un coup de tête la porte
et regarde tout attentivement de son œil jaune.
Mais il n'y a rien à voir que cette jeune femme qui fait du tricot,
Rien à voir que ce bel enfant qui dort tranquillement sur le dos.
Il n'y a rien que Joseph et Marie et ce beau petit enfant tout neuf.
Cela fait cinq en tout si l'on compte l'âne et le bœuf.
La vieille année est finie. Il y a une grande année toute fraîche devant nous.

Il neige, et puis voilà un rayon de soleil tout à coup.
Un de ces drôles de soleils de janvier sur ce beau petit Jésus en cire.
Il soupire, il va se réveiller, et puis il se remet à dormir.
Il dort, mais il va être temps de le réveiller tout à l'heure.

Huit jours ! et quelqu'un déjà est là qui réclame le sang
de Notre-Seigneur.

Le glaive, ce sera pour la mère, bientôt !
Mais aujourd'hui, pour l'enfant, c'est le couteau !

Paul Claudel

15

Porche du Mystère enfoui depuis des siècles
La Présentation au Temple

Adorna, sion, thalamum,
quae praestolaris Dominum;
sponsum et sponsam suscipe
vigil fidei lumine.

Beate senex, propera,
promissa comple gaudia
et revelandum gentibus
revela lumen omnibus.

Parentes Christum deferunt,
in templo templum offerunt;
legi parere voluit
qui legi nihil debuit.

Offer, beata, parvulum,
tuum et Patris unicum;
offer per quem offerimur,
pretium quo redimimur.

Procede, virgo regia,
profer Natum cum hostia;
monet omnes ad gaudium
qui venit salus omnium.

Iesu, tibi sit gloria,
qui te revelas gentibus,
cum Patre et almo Spiritu,
in sempiterna saecula.
Amen.

Prépare, Sion, ta chambre nuptiale,
toi qui attends le Seigneur;
accueille l'époux et l'épouse,
toi qui veilles sur la lumière de la foi.

Heureux vieillard, hâte-toi,
porte à leur accomplissement
les joies promises et révèle à tous
la lumière qui doit éclairer les nations.

Ses parents portent le Christ,
dans le temple ils offrent le vrai Temple;
il a voulu obéir à la Loi,
celui qui ne devait rien à la Loi.

Offre, bienheureuse, ce petit enfant,
l'unique pour toi et pour le Père;
offre celui qui nous offre
la rançon qui nous rachète.

Avance, Vierge royale,
présente l'Enfant avec l'offrande;
il invite tous les hommes à la joie,
lui qui est venu les sauver tous.

Toute gloire à toi, ô Jésus,
qui t'es révélé aux païens;
même gloire au Père et à l'Esprit bienfaisant,
à travers les siècles sans fin!
Amen.

Ce retable de la *Présentation de Jésus au Temple* a été réalisé en 1510, pour une chapelle de l'église San Giobbe (Saint-Job), première église de style Renaissance de Venise (1493). Jugeant que ce qu'il avait à transmettre de sa richesse intérieure exigeait une grande pudeur dans l'expression, Carpaccio caractérise son œuvre par une sobriété de traitement et une fraîcheur des couleurs, qui donnent au rendu un aspect émaillé sous l'effet de la lumière, à l'opposé du réalisme prôné par Michel-Ange à la même époque. Devant une abside décorée de mosaïques dorées, évoquant la cathédrale Saint-Marc, ce retable se présente comme une scène où l'un des acteurs, mais pas n'importe lequel : le plus petit, le plus humble, le plus désarmé, est Dieu lui-même. Au premier plan, à la frontière de l'univers visible et de l'univers invisible, comme l'armée céleste de Noël, les anges musiciens attestent que ce qui se joue sur cette scène terrestre a une dimension cosmique. Sur la chape du vieillard Syméon revêtu des habits sacerdotaux, sont brodées des scènes qui illustrent le début de l'histoire du salut. On y voit la chute des anges rebelles au dessein bienveillant de Dieu, et la création du monde à laquelle assistent les anges demeurés fidèles.

La Présentation de Jésus au Temple (1510)
Vittore Carpaccio
(Venise, v. 1460 – Capo d'Istria, 1526)
huile sur bois, 421 x 236 cm

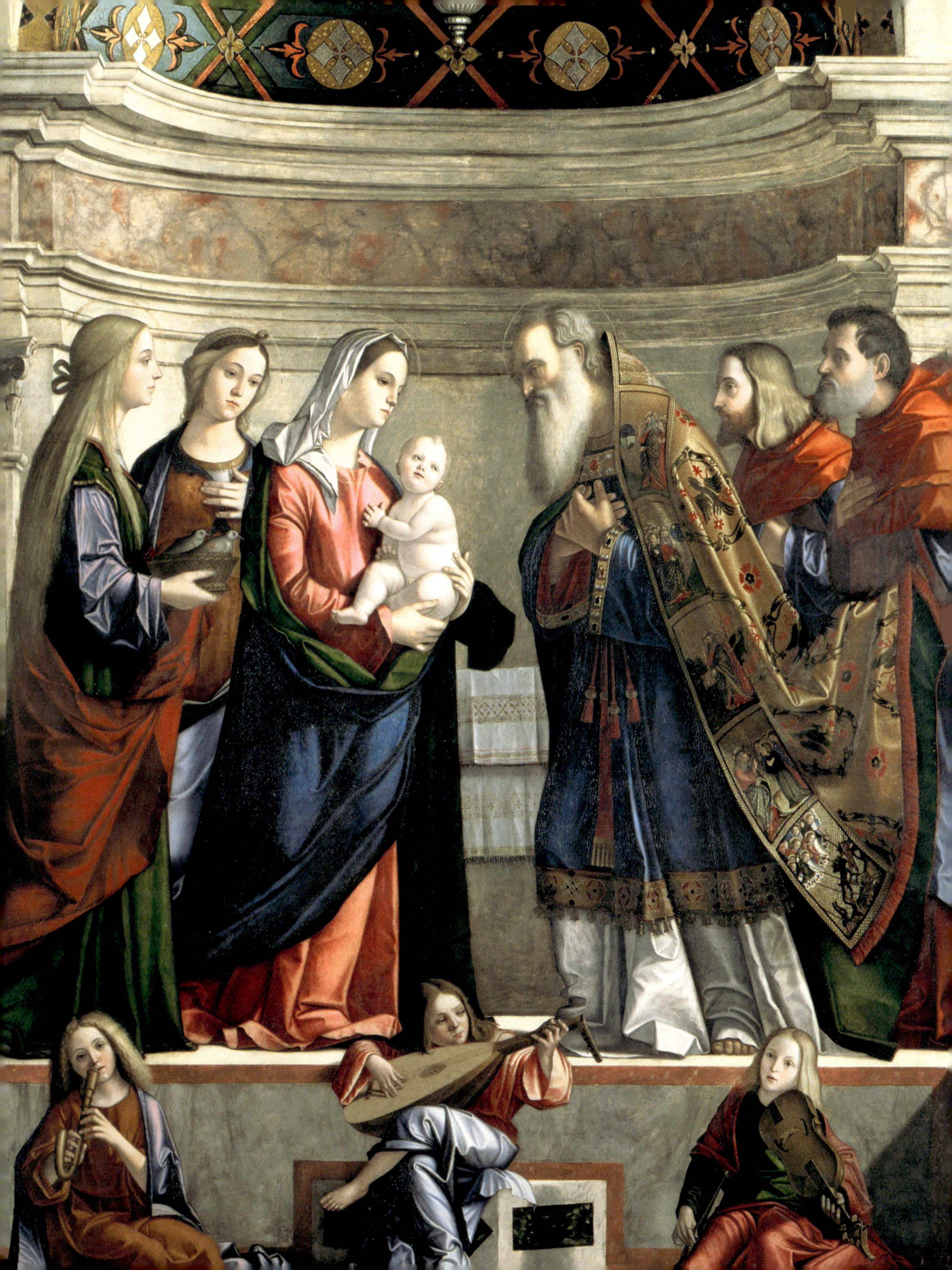

Mon Dieu, qui dormez, faible entre mes bras,
Mon enfant tout chaud sur mon cœur qui bat,
J'adore en mes mains et berce étonnée,
La merveille, ô Dieu, que m'avez donnée.

Que rendrais-je à vous, moi sur qui tomba
Votre grâce ? ô Dieu, je souris tout bas
Car j'avais aussi, petite et bornée,
J'avais une grâce et vous l'ai donnée.

De bouche, ô mon Dieu, vous n'en aviez pas
Pour parler aux gens perdus d'ici-bas…
Ta bouche de lait vers mon sein tournée,
Ô mon fils, c'est moi qui te l'ai donnée.

De main, ô mon Dieu, vous n'en aviez pas
Pour guérir du doigt leurs pauvres corps las…
Ta main, bouton clos, rose encore gênée,
Ô mon fils, c'est moi qui te l'ai donnée.

De chair, ô mon Dieu, vous n'en aviez pas
Pour rompre avec eux le pain du repas…
Ta chair au printemps de moi façonnée,
Ô mon fils, c'est moi qui te l'ai donnée.

De mort, ô mon Dieu, vous n'en aviez pas
Pour sauver le monde… Ô douleur ! là-bas,
Ta mort d'homme, un soir, noire, abandonnée,
Mon petit, c'est moi qui te l'ai donnée.

Marie Noël

16

Lumière des Nations
Les rois mages

Quicumque christum quæritis,
oculos in altum tollite :
illic licebit visere
signum perennis gloriæ.

Haec stella, quae solis rotam
vincit decore ac lumine,
venisse terris nuntiat
cum carne terrestri Deum.

Hoc sidus aeternum manet,
haec stella numquam mergitur
nec nubis occursu abdita
obumbrat obductam facem.

Illustre quiddam cernimus
quod nesciat finem pati,
sublime, celsum, interminum,
antiquius caelo et chao.

Hic ille Rex est gentium,
populique rex Iudaici,
promissus Abrahae patri,
eiusque in aevum semini.

Jesu, tibi sit gloria,
qui te revelas parvulis,
cum Patre, et almo Spiritu,
in sempiterna saecula. Amen.

Ô vous qui cherchez le Christ,
scrutez les cieux nocturnes.
Là, pour vous, se révèlera
le signe de son éternelle gloire.

Une étoile, qui surpasse en éclat
le disque du soleil,
annonce que Dieu vient sur terre,
avec une chair mortelle.

L'Astre divin brille à jamais ;
cette Étoile ne s'éteint jamais ;
les nuages ne viendront jamais
couvrir d'ombre son brillant flambeau.

Nous discernons un être transcendant,
qui ne connaîtra pas de fin.
Sublime, incomparable, infini,
il précède les cieux et le chaos.

C'est lui, le Roi des Nations,
le Roi du peuple juif,
promis au père Abraham
et à sa postérité, pour toujours.

Ô Jésus qui vous révélez aux petits,
à vous soit la gloire,
avec le Père et l'Esprit vivifiant,
dans les siècles éternels. Amen.

Au IVe siècle, l'art byzantin commence à différencier l'âge des mages : le premier devient un vieillard avec une longue barbe blanche ; le deuxième, un homme mûr avec une barbe brune ; le troisième, un jeune homme glabre. Dès le IIe siècle, Tertulien a donné aux mages le titre de rois, en référence au psaume 71 (v. 10) et à Isaïe (60, 3). Mais ce n'est que lorsque ces textes sont repris comme lectures dans la liturgie, autour de l'an mil, que les mages commencent à être représentés comme des rois dans l'iconographie. Au début du XIe siècle, le nom des mages apparaît autour de leur représentation (ils ont été rajoutés à cette époque sur les mosaïques de Ravenne). Au XIIIe siècle, sous l'influence des corporations d'architectes, de maçons et de charpentiers, apparaissent les crèches en charpentes et colombages triangulés. Elles symbolisent l'union de la divinité (triangle isocèle) avec l'humanité (triangle rectangle) comme fondement de la nouvelle création. À partir du XVe siècle, en Italie, Melchior est représenté tête nue, ayant déposé sa couronne impériale aux pieds de Jésus ; Balthazar porte une couronne royale et Gaspard un turban de calife. Se fixe alors la couleur symbolique des habits : bleu du ciel pour Melchior ; marron de la terre pour Balthazar ; rose ou orangé de la terre s'unissant mystiquement au ciel pour Gaspard. Les ruines architecturales en fond de décor apparaissent à Florence à la fin du XVe siècle. Elles figurent le monde ancien qui s'écroule à l'avènement du monde nouveau. C'est Memling et Mantegna, à partir de 1470, qui popularisent Melchior en représentant de l'Europe, Balthazar de l'Asie et Gaspard de l'Afrique noire. Après la découverte de l'Amérique, les Portugais et les Espagnols tentèrent, sans succès durable, d'introduire dans l'iconographie un quatrième roi, amérindien.

L'Adoration des mages (v. 1500, détail)
Jean Poyer
(v. 1445 – v. 1503, actif à Tours)
enluminure des *Heures d'Henri VIII*
25,6 x 18 cm

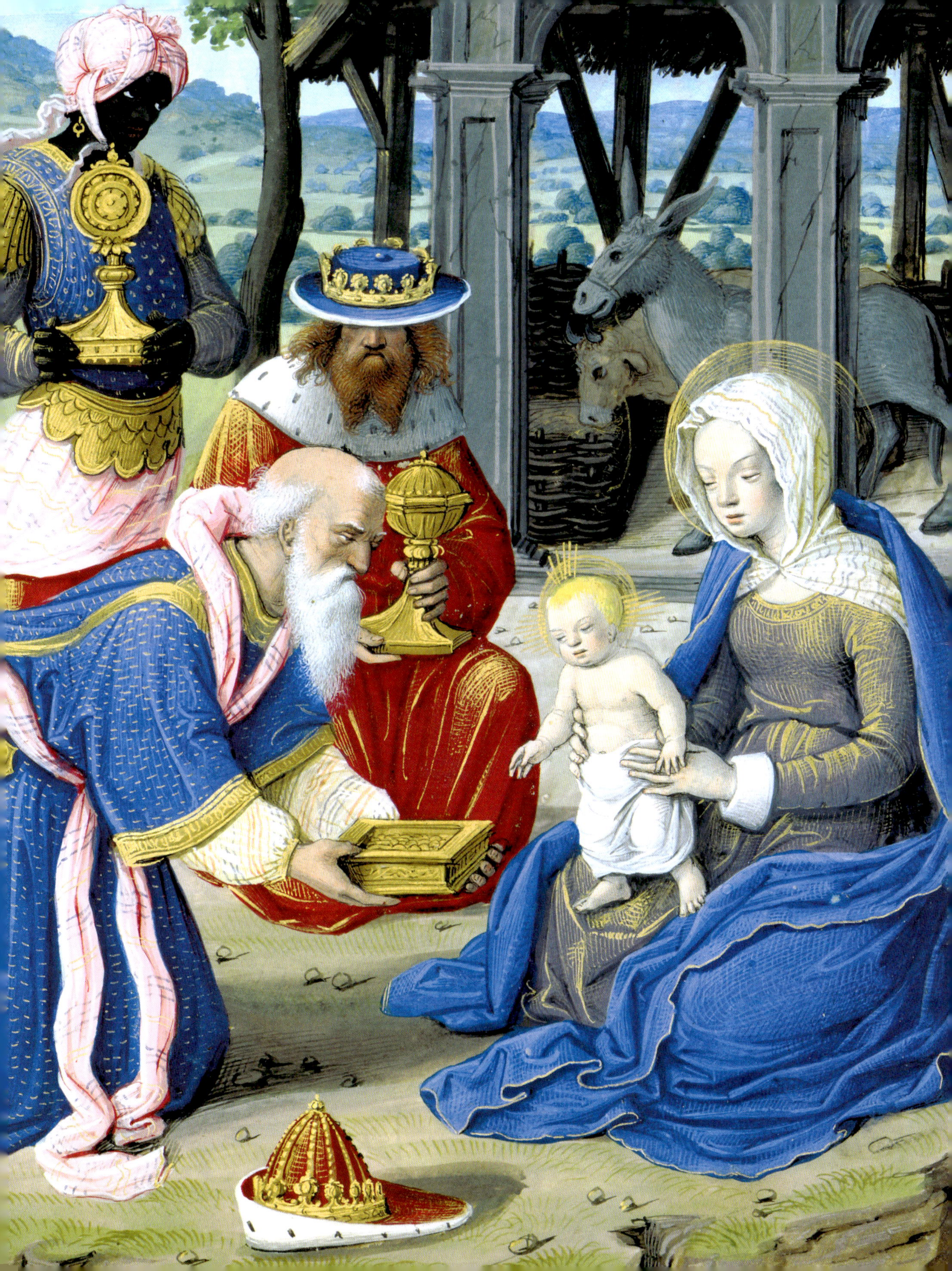

Une étoile qui ne paraissait qu'aux yeux n'était pas capable d'attirer les mages au Roi nouveau-né ; il fallait que l'étoile de Jacob et la lumière du Christ (Lc 11, 32) se fût levée dans leur cœur. À la présence du signe qu'il leur donnait au-dehors, Dieu les toucha au-dedans par cette inspiration dont Jésus a dit : *Nul ne peut venir à moi, si mon Père qui m'a envoyé ne l'attire* (Jn 6, 44).

L'étoile des mages est donc l'inspiration dans les cœurs. Je ne sais quoi vous luit au-dedans ; vous êtes dans les ténèbres et dans les amusements, ou peut-être dans la corruption du monde ; tournez vers l'Orient, où se lèvent les astres ; tournez-vous à Jésus-Christ qui est l'Orient, où se lève comme un bel astre l'amour de la vérité et de la vertu. Vous ne savez encore ce que c'est, non plus que les mages ; et vous savez seulement en confusion que cette nouvelle étoile vous mène au roi des Juifs, des vrais enfants de Juda et de Jacob : allez, marchez, imitez les mages. *Nous avons vu son étoile, et nous sommes venus* (Mt 2, 2) ; nous avons vu, et nous sommes partis à l'instant. Pour aller où ? Nous ne le savons pas encore, nous commençons par quitter notre patrie. Allez à Jérusalem, recevez les lumières de l'Église ; vous y trouverez les docteurs qui vous interpréteront les prophéties, qui vous feront entendre les desseins de Dieu ; et vous marcherez sûrement sous cette conduite.

Chrétiens, qui que vous soyez qui lisez ceci ; peut-être, car qui peut prévoir les desseins de Dieu ? peut-être qu'à ce moment l'étoile se va lever dans votre cœur ; allez, sortez de votre patrie ; apprenez à connaître Jérusalem, et la crèche de votre Sauveur, et le pain qu'il vous prépare à Bethléem.

Jacques-Bénigne Bossuet

17

Voici l'Agneau de Dieu
La monstrance du Christ

Mundi salus qui nasceris,
Iesu puer, nos respice :
tu vita nostra per diem,
sis tuta per noctem quies.

Nobis dolosi perfidas
leonis artes delege,
ne blandiendo devoret
quos dormientes circuit.

Candor paterni luminis,
serena sis lux mentium ;
matris recumbens in sinu,
nostris quiesce cordibus.

Quae parturis, Virgo, Deum,
alisque mater ubere,
qua charitate diligis
fac diligamus Filium.

Qui natus es de Virgine,
Iesu, tibi sit gloria !
summo Patri laus maxima !
sit partibilaus, Spiritus !
Amen.

Salut du monde qui vient de naître,
Jésus enfant, regarde-nous :
Tu es notre vie pendant le jour,
sois dans la nuit, notre repos serein.

Découvre-nous les ruses
perfides du lion trompeur,
de peur que par ses flatteries il ne dévore
ceux qui dorment quand il rôde.

Éclat de la splendeur du Père,
sois la douce lumière de nos âmes :
toi qui sommeilles sur le sein de ta mère,
viens aussi reposer en nos cœurs.

Vierge qui avez enfanté un Dieu,
et le nourrissez de votre lait,
faites que nous aimions votre Fils,
comme vous l'aimez.

Gloire à vous, ô Jésus !
né d'une Vierge ;
gloire suprême au Père éternel !
Et même louange à l'Esprit Saint !
Amen.

À 28 ans, en 1634, Rembrandt prend pour épouse Saskia, une ravissante jeune fille de bonne famille. Pendant huit ans, ils vivront ensemble une merveilleuse histoire d'amour, dont l'artiste témoignera en faisant de sa bien-aimée quatorze portraits à l'huile, et surtout des centaines de petits croquis pris sur le vif.

Voici donc l'un de ces « instantanés du cœur », exécuté en 1635. Saskia, assise comme en majesté, présente leur premier fils, Rumbartus, dans un geste qui est familier à toutes les mamans du monde. Et voici qu'en un éclair de sépia, l'œil amoureux du maître rend admirablement ce que Rodin appelait à redécouvrir pour redevenir chrétien, la « sainteté des choses banales ». Aussi bien, conscient d'avoir miraculeusement saisi l'insaisissable, Rembrandt va transformer son rapide croquis en une esquisse pour une Adoration des mages.

Van Gogh disait : « On ne peut pas voir un Rembrandt sans croire en Dieu. » Sans doute parce que, comme nul autre, Rembrandt a su montrer que le Dieu vivant et vrai est un Dieu incarné au cœur de nos vies. Rembrandt est le « peintre du spirituel, du spirituel qui est lui-même charnel » (Péguy). Ses œuvres rejoignent mystérieusement l'expérience du divin, que nous faisons quotidiennement en notre propre cœur de chair.

L'Adoration des mages (1635)
Rembrandt Harmenszoon van Rijn
(Leyde, 1606 – Amsterdam, 1669)
dessin à la plume, 17,8 x 16 cm

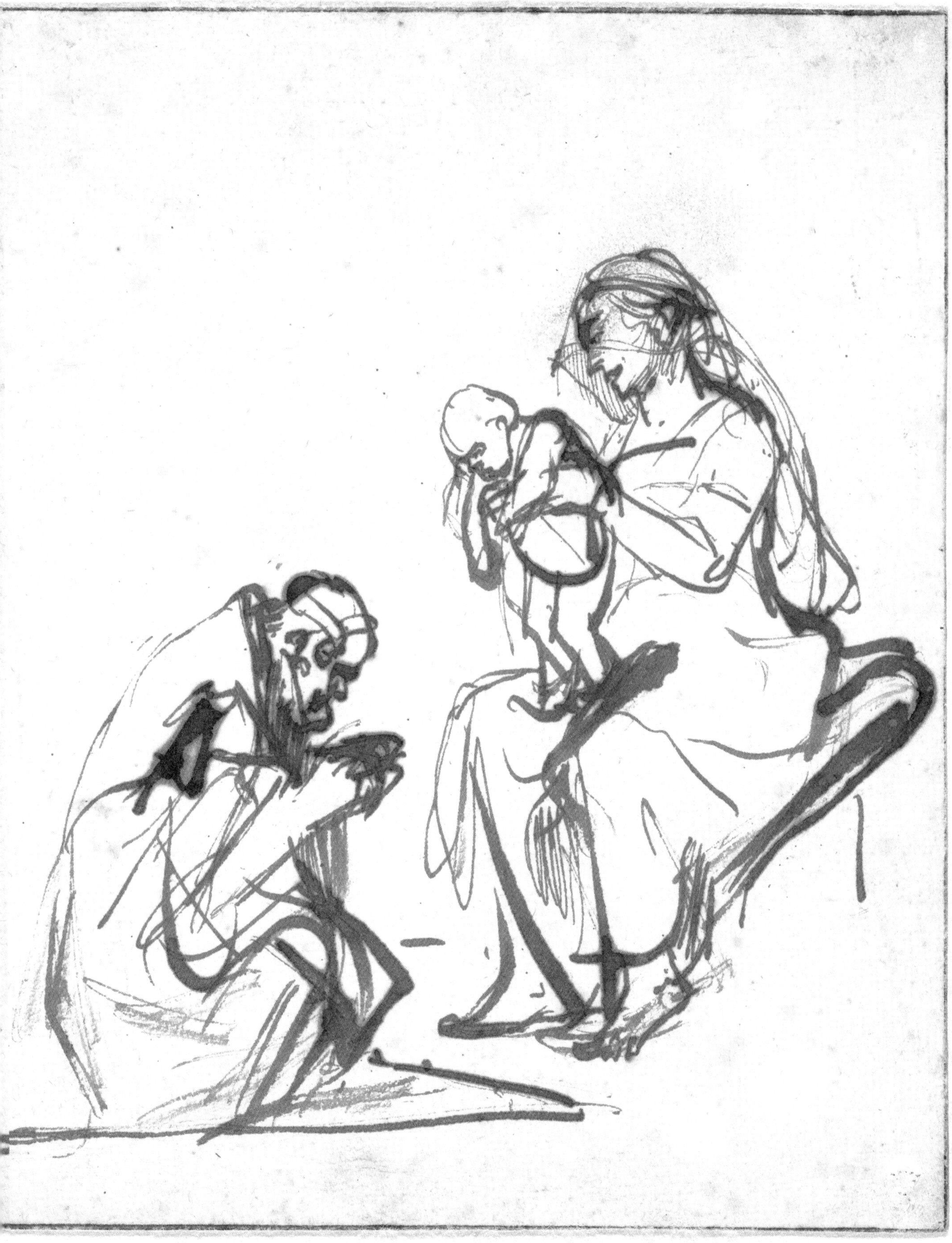

Ô je voudrais chanter Marie pourquoi je t'aime,
Pourquoi ton Nom si doux fait tressaillir mon cœur,
Et pourquoi la pensée de ta grandeur suprême,
Ne saurait à mon âme inspirer de frayeur.
Si je te contemplais, dans ta divine gloire,
Et surpassant l'éclat de tous les bienheureux,
Que je suis ton enfant, je ne pourrais le croire,
Ô Marie devant toi, je baisserais les yeux.

Il faut pour qu'un enfant puisse chérir sa mère
Qu'elle pleure avec lui, partage ses douleurs
Ô ma mère chérie, sur la rive étrangère
Pour m'attirer à toi, que tu versas des pleurs.
En méditant ta vie dans le saint Évangile,
J'ose te regarder et m'approcher de toi
Me croire ton enfant ne m'est pas difficile
Car je te vois mortelle et souffrant comme moi.

Bientôt je l'entendrai cette douce harmonie
Bientôt dans le beau Ciel, je vais aller te voir
Toi qui vins me sourire au matin de ma vie
Viens me sourire encor… Mère… voici le soir !…
Je ne crains plus l'éclat de ta gloire suprême
Avec toi j'ai souffert et je veux maintenant
Chanter sur tes genoux, Marie, pourquoi je t'aime
Et redire à jamais que je suis ton enfant !…

Sainte Thérèse de l'Enfant-Jésus

18

Mère de l'Astre sans couchant
La fuite en Égypte

Audit tyrannus anxius
adesse regum Principem,
qui nomen Israel regat
teneatque David regiam.

Exclamat amens nuntio :
« Successor instat, pellimur ;
satelles, i, ferrum rape,
perfunde cunas sanguine ! »

Quo proficit tantum nefas ?
Quid crimen Herodem iuvat ?
Unus tot inter funera
impune Christus tollitur.

Salvete, flores martyrum,
quo lucis ipso in limine
Christi insecutor sustulit,
ceu turbo nascentes rosas.

Vos prima Christi victima,
grex immolatorum tener,
aram sub ipsam simplices
palma et coronis luditis.

Iesu, tibi sit gloria,
qui natus es de Virgine,
cum Patre et almo Spiritu,
in sempiterna saecula.
Amen.

Angoissé, le despote apprend
l'avènement du Roi des rois
qui doit gouverner Israël
sur le trône du roi David.

Alors il dit, hors de lui, au messager :
« Un successeur vient nous chasser ;
garde, prends ton épée, allons !
Répands le sang dans les berceaux. »

Mais à quoi sert un tel forfait ?
Et pour Hérode, quel profit ?
Car le Christ, parmi tant de morts,
est le seul à lui échapper sans dommage.

Honneur à vous, fleurs des martyrs ;
sur le seuil même de vos jours,
l'ennemi du Christ vous faucha,
roses naissantes sous le vent.

Première offrande pour le Christ,
tendre troupeau des immolés,
sous l'autel même, innocemment,
couronnes et palme sont vos jeux !

À toi la gloire, Jésus,
qui es né de la Vierge ;
avec le Père et l'Esprit bienfaisant,
à travers les siècles sans fin !
Amen.

Odilon Redon a été actif en même temps que les impressionnistes que, pourtant, il ne rejoignit jamais, bien qu'il éprouvât une grande sympathie à leur égard. Il préféra demeurer au sein du mouvement symboliste, finalement plus proche de ses conceptions de la vie et de l'art. En ce sens, cette *Fuite en Égypte* témoigne du caractère mystérieux et onirique de ses créations. Elle a été peinte en 1903. Au premier plan, un soleil brille dans la nuit. Au cœur de ce soleil, l'enfant Jésus trône dans les bras de Marie, montée sur un âne. La source de la lumière solaire montre, de sa petite main tendue, la route à suivre à son père Joseph. Et voici que la lumière engendre la couleur qui habille les personnages. Les couleurs sont chez Redon une réalité primordiale, une subsistance du paradis terrestre. Elles sont pour ainsi dire le témoignage fossile de la Création où tout était très bon. Et voici que *la lumière née de la lumière* ranime les couleurs originelles, et les projette sur l'Arbre de vie qui va fournir le bois de la croix. Sur lui repose l'arbre mort de notre humanité couchée, mais baignée elle aussi, déjà, des couleurs projetées par la lumière. La sève de la vie va lui redonner ses couleurs paradisiaques. Au fond, même les remparts de la ville de Bethléem commencent à poindre dans l'obscurité.

Quand nous contemplons ce tableau, nous aussi, nous émergeons des ténèbres menaçantes, qui ont suscité la noirceur d'âme d'Hérode. Et si l'on peut dire, nous comprenons que nous sommes promis à reprendre des couleurs. Cependant, cette *Fuite en Égypte* ne doit pas être lue comme une œuvre mystique. Redon refusait qu'on le qualifiât de peintre spiritualiste. Il protestait que le spirituel d'une œuvre ne vient pas de l'artiste mais est une dimension constitutive de la nature. De cette nature représentée par le peintre, le spirituel est la part de la réalité que nous ne savons pas voir. Ainsi, pour l'artiste, tout l'art consiste à représenter le visible, de telle manière qu'en soit révélée la dimension invisible.

La Fuite en Égypte (v. 1903)
Odilon Redon
(Bordeaux, 1840 – Paris, 1916)
huile sur toile, 45,4 x 38 cm

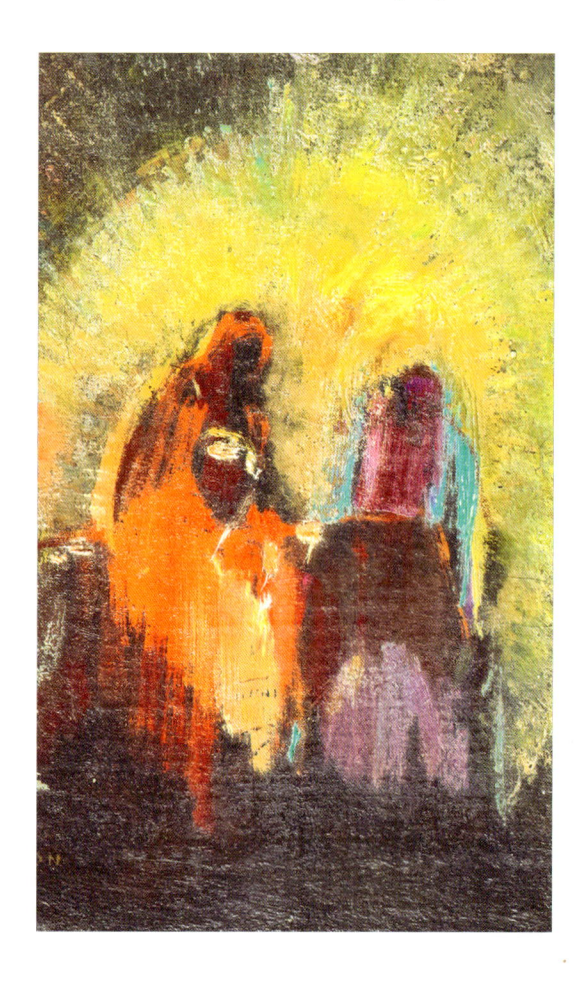

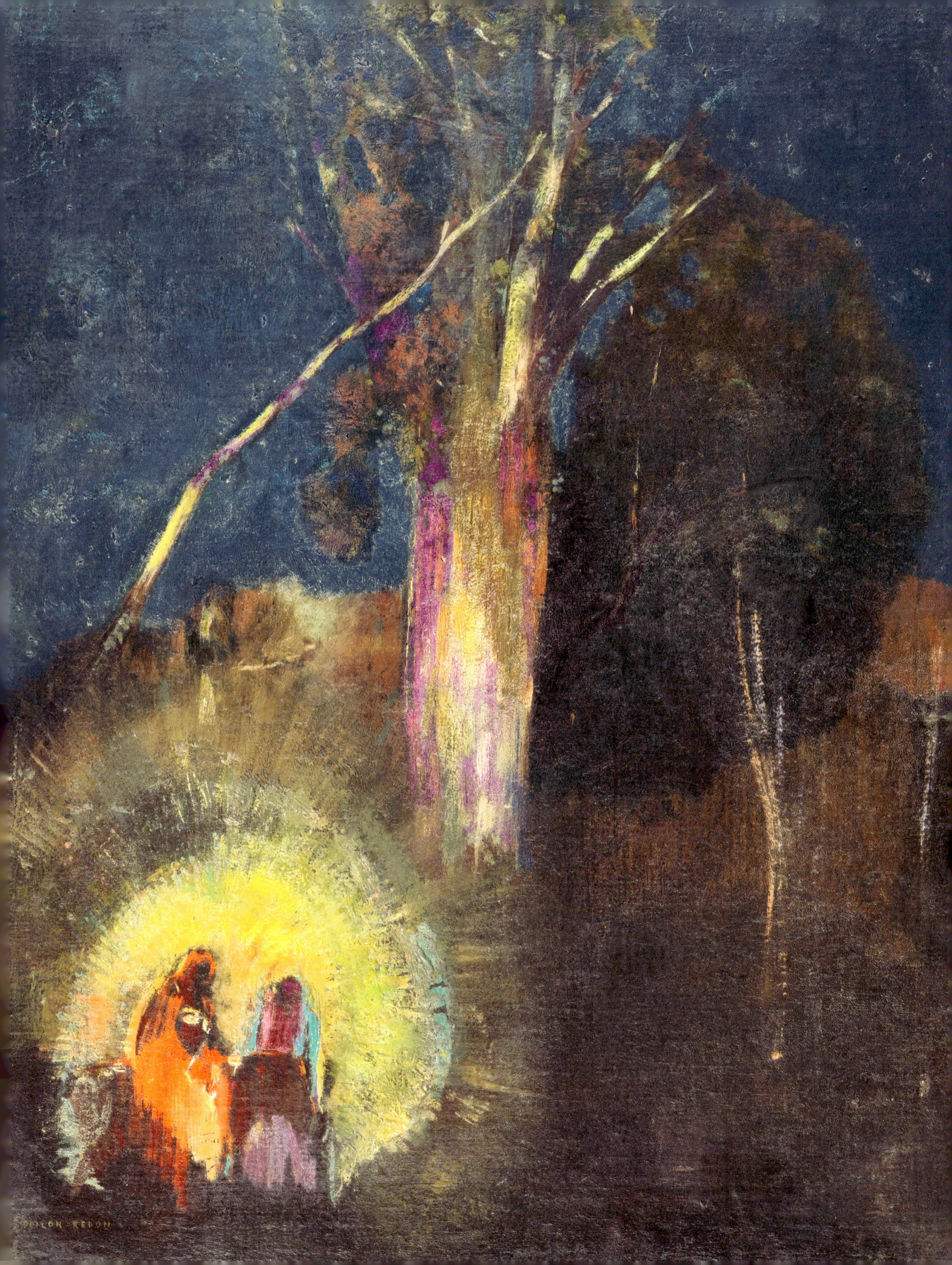
ODILON REDON

Partout où entre Jésus, il y entre avec ses croix et toutes les contradictions qui doivent l'accompagner. Avant qu'il fût né, Joseph et sa sainte épouse vivaient pauvrement, mais tranquillement, dans leur ménage, gagnant doucement leur vie par le travail de leurs mains ; mais aussitôt que Jésus leur est donné, il n'y a point de repos pour eux.

Cependant Joseph demeure soumis, et ne se plaint pas de cet enfant incommode, qui ne leur apporte que persécution : il part ; il va en Égypte, où il n'a aucune habitude, sans savoir quand il reviendra à sa patrie, à sa boutique et à sa pauvre maison.

L'on n'a pas Jésus pour rien ; il faut prendre part à ses croix. Pères et mères chrétiens, apprenez que vos enfants vous seront des croix.

Jacques-Bénigne Bossuet

19

Le père de Jésus

Saint Joseph

Te, Ioseph,
celebrent agmina caelitum,
te cuncti resonent christiadum chori,
qui clarus meritis, iunctus es inclitae
casto foedere Virgini.

Almo cum tumidam germine coniugem
admirans, dubio tangeris anxius,
afflatu superi flaminis angelus
conceptum puerum docet.

Tu natum Dominum stringis, ad exteras
Aegypti profugum tu sequeris plagas ;
amissum Solymis quaeris, et invenis,
miscens gaudia fletibus.

Post mortem reliquos mors pia consecrat,
palmamque emeritos gloria suscipit ;
tu vivens, superis par, frueris Deo,
mira sorte beatior.

Nobis, summa Trias, parce precantibus,
da Ioseph meritis sidera scandere ;
ut tandem liceat nos tibi perpetim
gratum promere canticum.
Amen.

Toi, Joseph,
les chœurs célestes te célèbrent !
les chœurs chrétiens chantent ta gloire !
Glorieux déjà par tes mérites,
tu es marié à l'auguste Vierge par une chaste union.

En proie au doute et à l'anxiété,
tu t'étonnes de l'état de ton épouse,
quand un ange vient te révéler
la vérité sur la conception de l'enfant.

Tu serres dans tes bras ton Seigneur,
tu fuis avec lui vers la lointaine Égypte ;
tu le cherches et le retrouves à Jérusalem
ainsi tes joies sont mêlées de larmes.

D'autres sont glorifiés après leur mort,
les martyrs sont reçus dans la gloire,
toi, tu jouis dès cette vie de Dieu présent,
et partages avec lui un bonheur divin.

Trinité souveraine, exaucez nos prières :
que les mérites de Joseph nous obtiennent le ciel
où, enfin, nous chanterons à jamais
le cantique d'action de grâce.
Amen.

C'est Thérèse d'Avila qui développa le culte de saint Joseph en Espagne et qui contribua grandement à son iconographie. Sur son inspiration, l'école espagnole représentait un Joseph jeune et actif, alors que les autres écoles en faisaient le plus souvent un vieillard insignifiant. Restant sauve la foi en la virginité de la Mère de Dieu, foi attestée par le lis blanc qui accompagne toujours leurs représentations du saint, le Joseph du Greco, de Vélasquez et de Zurbarán est un vrai époux, bien accordé par Dieu à son épouse (voir en ce sens l'admirable *Mariage de la Vierge* du Greco, page 51). Il est aussi, d'une certaine manière, un vrai père (c'est par lui que Jésus est vraiment *fils de David*). À l'école de ces maîtres, Murillo n'a pas craint de peindre ici Joseph en « père de Jésus », présentant son fils au monde. Ses mains puissantes, dont l'une porte l'Enfant-Dieu et l'autre le protège, expriment son autorité de *pater familias* exercée au nom du Père céleste. Murillo est allé encore plus loin dans l'expression thérésienne d'un Joseph « père de Jésus », en lui donnant un visage d'une étonnante ressemblance avec celui du Christ adulte qu'il a plusieurs fois peint à la même époque. Cette vision réaliste de la paternité de Joseph ne nourrit pourtant aucune ambiguïté, car l'enfant Jésus arbore fièrement le lis de la virginité, rappelant que sa conception fut l'œuvre miraculeuse de l'Esprit Saint. C'est le mystère de l'Incarnation que Murillo a tenté ainsi d'honorer dans toute sa richesse, conformément à ce que rapporte l'Évangile. Dans l'épisode de Jésus perdu au Temple, Marie désigne Joseph comme père de Jésus, tandis que Jésus rappelle son ineffable filiation divine. *Sa mère lui dit : « Vois ! ton père et moi, nous te cherchons, angoissés. » Et Jésus leur dit : « Pourquoi me cherchiez-vous ? Ne saviez-vous pas que je dois être dans la maison de mon Père ? »* (Lc 2, 48-49).

Saint Joseph et l'Enfant Jésus
Bartolomé Esteban Murillo
(Séville, 1618 – Séville, 1682)
huile sur toile, 27 x 17 cm

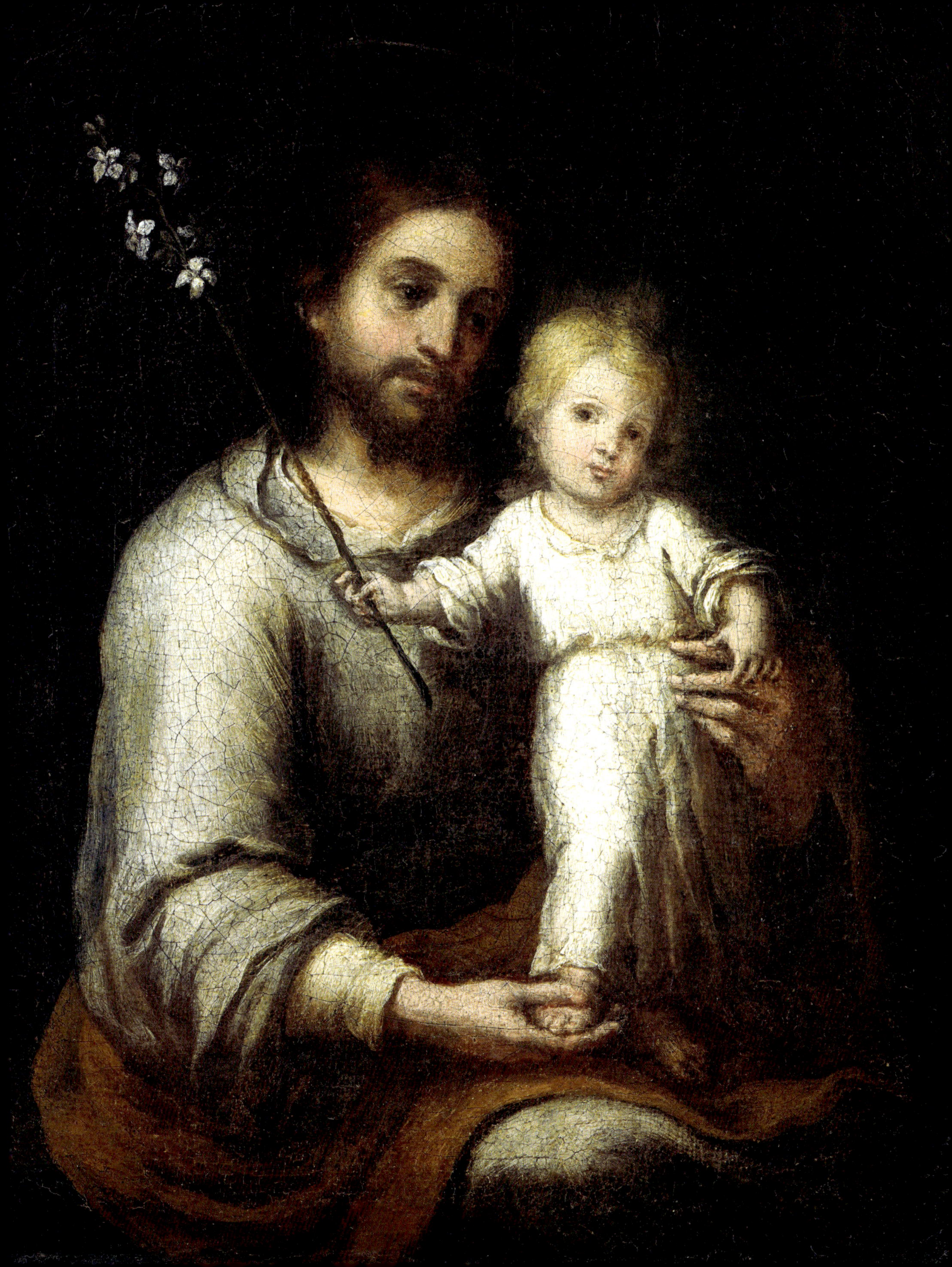

Vous m'êtes témoin, ô saint Joseph ! que les seules vraies joies que j'ai goûtées, c'est dans l'ombre quand je me sens avec vous. Lorsque l'on est privé d'honneurs, combien il est doux d'aimer son métier, de se dire que l'on travaille sur votre établi et que notre famille contemple notre œuvre du moins avec l'œil bienveillant de la foi ! Qu'ils en ont vu, Jésus et Marie, d'hommes qui vous tenaient pour peu de chose, qui dressaient en face de votre boutique aux meubles simples et honnêtes leur art décoratif ! Ce n'est pas chez vous qu'un Pilate eût commandé son lavabo, Hérode son lit, César sa chaise. Ils s'adressaient aux fournisseurs officiels qui en recevaient de la gloire. Mais vous, Patron bien-aimé, vous avez déposé dans le cœur des ouvriers de bonne volonté, à qui ne vont point les faveurs des puissants de ce monde, cette graine cachée qui s'appelle l'amour et qui ne se vend ni ne s'achète. Cette graine, vous la faites tant fructifier en moi, et embaumer, que ma bouche ne sait vous dire mon allégresse.

Donnez-moi l'ombre, sinon mon amour est mort.

FRANCIS JAMMES

20

Mystère de l'indicible Sagesse
La Vierge au livre

A solis ortus cardine
adusque terrae limitem
Christum canamus principem,
natum Maria Virgine.
Beatus auctor saeculi
servile corpus induit,
ut carne carnem liberans
ne perderet quos condidit.
Clausa parentis viscera
caelestis intrat gratia ;
venter puellae baiulat
secreta quae non noverat.
Domus pudici pectoris
templum repente fit Dei ;
intacta nesciens virum
verbo concepit Filium.
Enixa est puerpera
quem Gabriel praedixerat,
quem matris alvo gestiens
clausus Ioannes senserat.
Feno iacere pertulit,
praesepe non abhorruit,
parvoque lacte pastus est
per quem nec ales esurit.
Gaudet chorus caelestium
et angeli canunt Deum,
palamque fit pastoribus
pastor, Creator omnium.
Amen.

Du point où le soleil se lève
jusqu'aux limites de la terre,
chantons le Christ notre prince,
né de la Vierge Marie.
Le bienheureux créateur du monde
revêt un corps d'esclave,
par sa chair il libère toute chair
afin de ne pas perdre ses créatures.
La grâce du ciel pénètre
le sein maternel scellé ;
les entrailles d'une vierge portent
des mystères qu'elle ignorait.
La demeure de son cœur très pur
devient soudain le temple de Dieu ;
sans la relation d'aucun homme,
d'une parole elle conçoit son Fils.
La Mère met au monde
celui que Gabriel avait annoncé
et que Jean reconnaissait de son enclos
en tressaillant dans le sein maternel.
Il a supporté de coucher sur la paille,
il n'a pas refusé la crèche,
il s'est nourri d'un humble lait,
lui qui rassasie même les oiseaux.
Les chœurs d'en haut se réjouissent
et les anges chantent Dieu :
le Pasteur, Créateur de tout,
se montre à des pasteurs.
Amen.

« Il est comme Dieu, connu seulement par ses œuvres », dit-on de Bernardino Luini. De fait, l'essentiel de son existence nous est inconnu. Il fut avant tout un peintre de fresques, déployant dans cet art un génie original qui l'égale aux plus grands. Ses œuvres sur toile en forme de portraits, comme cette *Vierge à l'Enfant*, sont plus discutées, à cause principalement de leur étonnante proximité avec le style et la manière de Léonard de Vinci († 1519). Au XIXe siècle, les romantiques ont élevé les portraits de Luini au plus haut. Balzac et Stendhal avouent qu'ils leur empruntent les visages de leurs héroïnes. Cependant, ils attribuaient certains tableaux de Léonard à Luini et *vice versa*. Au XXe siècle, la renommée de Luini retomba, au point qu'il finit par ne plus apparaître que comme un charmant imitateur de Léonard. Personne ne s'est avisé que, si les portraits de femmes de l'un et de l'autre sont si proches, c'est, d'une part, que tous deux ont été formés au même moment par l'école lombarde et d'autre part, que les femmes de Léonard et les femmes de Luini courent les rues et les campagnes de Lombardie, et toutes y sont belles à miracle. De ces femmes, Stendhal disait : « Quelque chose de pur, de religieux, d'antivulgaire, respire dans [leurs] traits. »

Ainsi n'est-ce pas Léonard qui a influencé Bernardino mais plutôt la Lombardie qui a servi de maître et de modèle à l'un et à l'autre. Voici donc la mère du Sauveur. Elle n'est plus une jeune fille, mais elle n'en conserve pas moins la fraîcheur d'une femme à sa première aurore, une femme qui n'a jamais été ne serait-ce qu'effleurée par ce qui flétrit. Son angélique pudeur ne voile pas l'humaine beauté de son visage ; sa tendresse ne masque pas sa gravité. Elle plonge ses longs yeux dans ceux de son enfant et ce regard dit aussi bien la proximité de l'amour maternel que la distance de l'adoration. Mystère de cet enfant et sa mère, les yeux dans les yeux, qui se scrutent d'âme à âme ! Avec des gestes familiers empreints d'une grâce mystérieuse, d'une main Marie tient son enfant, de l'autre porte son livre d'Heures – son MAGNIFICAT, en quelque sorte – tant il est vrai que sa prière quotidienne des psaumes et des cantiques lui a fourni les mots et les images de son action de grâce spontanée.

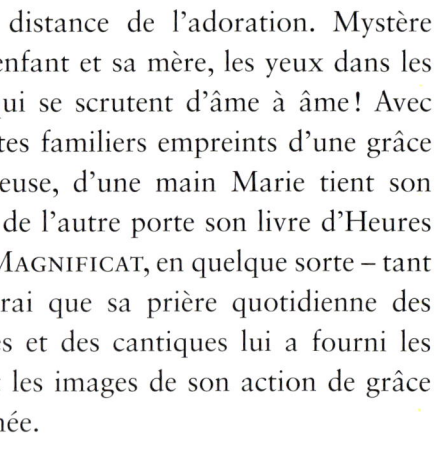

Vierge à l'Enfant
Bernardino Luini (atelier)
(Lac Majeur, v. 1480 – Milan, 1532)
huile sur bois, 48,9 x 43,8 cm

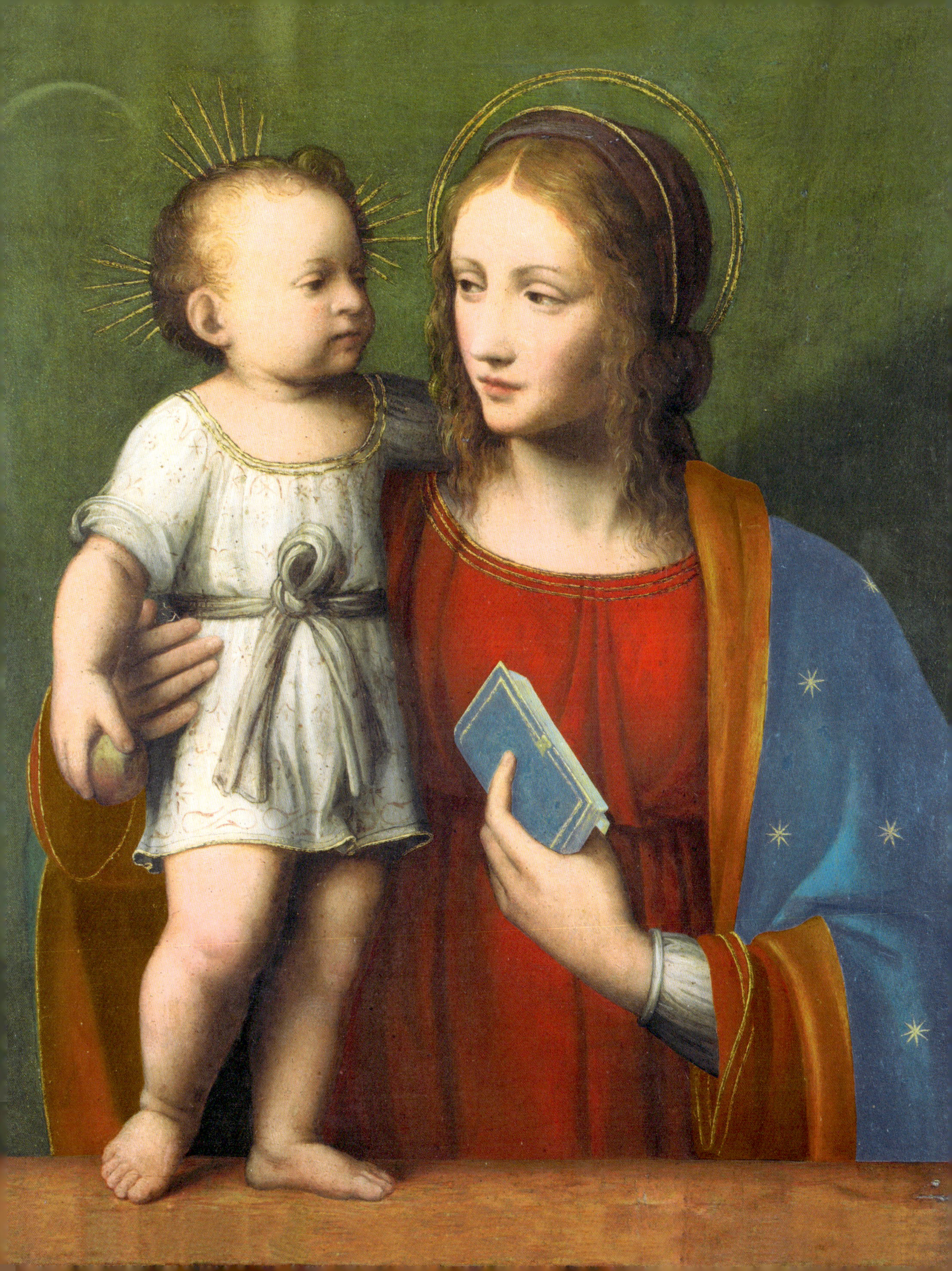

Je ne veux plus aimer que ma mère Marie.
Tous les autres amours sont de commandement
Nécessaires qu'ils sont, ma mère seulement
Pourra les allumer aux cœurs qui l'ont chérie.

C'est pour Elle qu'il faut chérir mes ennemis,
C'est par Elle que j'ai voué ce sacrifice,
Et la douceur de cœur et le zèle au service,
Comme je la priais, Elle les a permis.

Et comme j'étais faible et bien méchant encore,
Aux mains lâches, les yeux éblouis des chemins,
Elle baissa mes yeux et me joignit les mains,
Et m'enseigna les mots par lesquels on adore.

C'est par Elle que j'ai voulu de ces chagrins,
C'est pour Elle que j'ai mon cœur dans les Cinq Plaies,
Et tous ces bons efforts vers les croix et les claies,
Comme je l'invoquais, Elle en ceignit mes reins.

Je ne veux plus penser qu'à ma mère Marie,
Siège de la Sagesse, et source des pardons,
Mère de France aussi, de qui nous attendons
Inébranlablement l'honneur de la Patrie.

Marie Immaculée, amour essentiel,
Logique de la foi cordiale et vivace,
En vous aimant qu'est-il de bon que je ne fasse,
En vous aimant du seul amour, Porte du ciel ?

PAUL VERLAINE

JE TE SCRUTE
Qui es-tu, mon enfant ?

O Virgo virginum,
quomodo fiet istud ?
Quia nec primam similem
visa es, nec habere sequentem ?

Filiae Ierusalem,
quid me admiramini ?
Divinum est mysterium
hoc quod cernitis.
Amen.

Ô Vierge des vierges,
comment est-il possible
que vous soyez comme nulle autre avant vous,
ni comme nulle autre après vous ?

Filles de Jérusalem,
pourquoi me regardez-vous ?
C'est un mystère divin
qu'ici vous contemplez.
Amen.

Ce bas-relief de stuc (mélange de chaux et de poudre de marbre) polychrome a été réalisé vers 1430 par Donatello. Marie et Jésus, les yeux dans les yeux, s'étreignent si intimement que leurs deux visages semblent vouloir se fondre dans l'ovale dessiné par le bras gauche de l'enfant. L'artiste les a rendus si proches qu'on les dirait absorbés l'un dans l'autre. Les yeux dans les yeux, ils se scrutent comme si la vie de l'un se mettait à ne dépendre que du regard de l'autre.

En se contemplant ainsi cœur à cœur, Marie et son enfant partagent leur intimité la plus secrète, assimilant le sublime de leur être et communiant en leur apothéotique destinée. Leurs regards ineffables sont suprêmement parlants: ils se disent à l'infini ce que les mots ne peuvent plus exprimer. Deux regards plongés l'un dans l'autre où chacun contemple un mystère original, unique, qui reflète son propre mystère: *Je reconnais devant toi le prodige, l'être étonnant que je suis: étonnantes sont tes œuvres, toute mon âme le sait* (Ps 138, 14).

Si nous savions lire dans le regard de l'autre, nous n'aurions pas besoin de chercher un sens à notre vie car, dans le regard de chacun, on peut contempler toute l'infinie beauté de sa ressemblance avec Dieu. Au point de pouvoir ensuite s'exclamer: « *Dieu était là et je ne le savais pas!* » Se scruter l'un l'autre, les yeux dans les yeux, c'est comme si, en un admirable échange, on se regardait l'un l'autre avec le regard du Créateur qui, au matin du monde, contemplait l'homme et la femme, fruits de son dessein bienveillant, en constatant que: *Cela était très bon* (Gn 1, 31).

Hélas, cette transparence pour le meilleur a permis, et subséquemment pour le pire, qu'on puisse voir dans notre regard toute l'emprise du péché sur nos âmes, en un enchevêtrement inextricable de pailles et de poutres. De ce fait, plonger son regard dans le regard d'un autre est devenu un acte d'une troublante indécence. Admirons alors avec quelle force Donatello parvient à manifester la portée du défi que Marie et son enfant ont lancé au péché quand, les yeux dans les yeux, ils ont trouvé leur complaisance dans la contemplation de leurs cœurs immaculés.

Vierge à l'Enfant,
dite *Madone des Pazzi* (1430, détail),
Donato di Betto Bardi, dit Donatello (atelier)
(Florence, 1386 – Florence, 1466)
huile sur bois et stuc, 130 x 55 x 7 cm

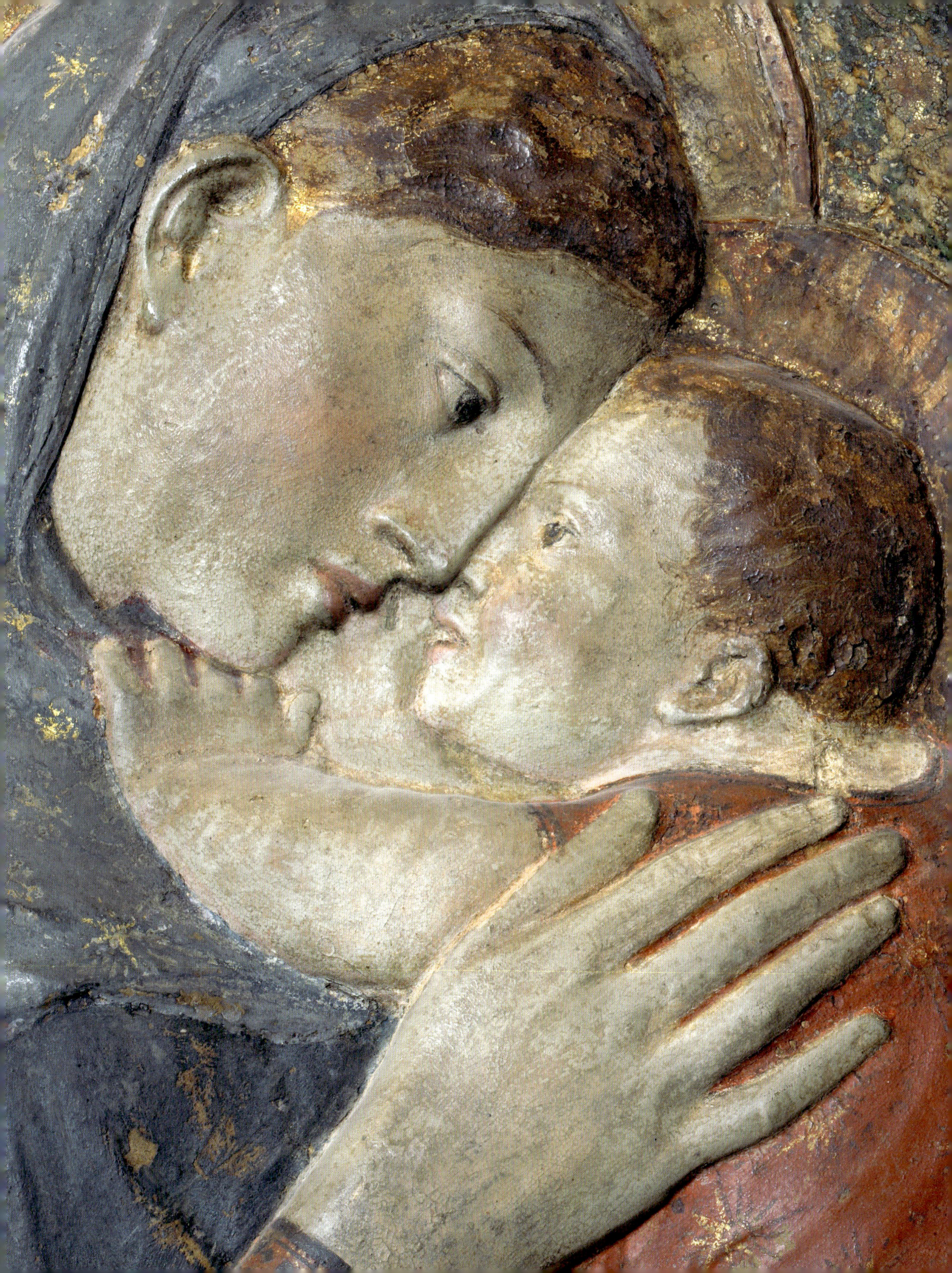

Son regard fait comprendre
Que c'est lui qui dirige
Toute la Création
De haut en bas.
Son regard fait penser
Que c'est à tout l'univers
Qu'il commande en maître !

Comment ouvrirai-je
Les fontaines de mon lait,
À toi, divine fontaine ?
Comment donnerai-je nourriture
À qui nourrit tout être
De sa table ?
Des langes
À qui est revêtu de splendeur ?

Ma bouche ne sait pas
Comment te nommer,
Ô Fils du Dieu vivant !
Si j'ose t'appeler
Comme fils de Joseph,
Je tremble
Car tu n'es pas de sa chair ;
Mais si je refuse ce nom,
Je suis dans l'effroi
Car nous sommes bel et bien mariés.

Bien que tu sois Fils d'un seul
Désormais je t'appellerai
Le fils d'un grand nombre,
Car à toi ne suffisent pas
Des milliers de noms :
Tu es Fils de Dieu,
Mais aussi Fils de l'homme ;
Et puis fils de Joseph
Et fils de David
Et fils de Marie.

Saint Éphrem de Nisibe

22

L'ACCOMPLISSEMENT DES ÉCRITURES
Marie, Jésus et Jean Baptiste

O NIMIS FELIX meritique celsi,
nesciens labem nivei pudoris,
praepotens martyr heremique cultor,
maxime vatum !

Nunc potens nostri meritis
opimis pectoris
duros lapides repelle,
asperum planans iter,
et reflexos dirige calles.

Ut pius mundi sator et redemptor,
mentibus pulsa macula politis,
rite dignetur veniens sacratos
ponere gressus.

Laudibus cives celebrant
superni te, Deus simplex
pariterque trine ; supplices
ac nos veniam precamur :
parce redemptis.
Amen.

heureux entre tous, sublime par tes mérites,
ta pureté de neige ignore toute tache,
très puissant martyr, habitant du désert,
le plus grand des prophètes !

L'abondance de tes mérites
te donne désormais pouvoir sur nous :
change nos cœurs de pierre,
aplanis nos chemins cahoteux,
redresse nos sentiers tortueux.

Afin que le doux Créateur
et Rédempteur du monde,
purifie nos âmes de leurs souillures,
et daigne venir y poser ses pas sacrés.

Les citoyens des cieux le célèbrent,
Dieu à la fois simple et trine ;
et nous, prosternés,
nous implorons ton pardon :
épargne ceux que tu as rachetés !
Amen.

Carlo Maratta est un familier des couvertures de MAGNIFICAT, où la qualité de sa peinture, le charme de ses personnages et la profondeur de sa théologie font merveille. À la charnière du baroque et du rococo, il fait revivre la grâce de Raphaël tout en annonçant la distinction somptueuse de Tiepolo. Dans cette scène intime, sa Vierge Marie est visiblement comblée de grâce ! Assise, son enfant sur les genoux, Marie médite dans son cœur la parole de Dieu qu'elle vient de lire dans le petit livre qu'elle tient ouvert dans la main gauche. Son regard est posé sur l'enfant Jésus et sur son cousin Jean Baptiste. En fait, ce que contemple la Mère de Dieu en ces deux bambins qui semblent jouer ensemble, ce n'est rien moins que l'accomplissement des Écritures. Nous le révèle, à terre, au premier plan, la coupelle qui servira à verser l'eau du Jourdain sur la tête du Christ, à l'occasion de son baptême. Or, la réalisation de l'espérance du monde passera par un autre baptême, autrement dramatique, celui de la Passion. Ainsi, cette charmante scène familiale annonce en filigrane qu'un glaive transpercera le cœur de la Mère de Dieu.

Au centre de la composition pyramidale, et seul personnage agissant, l'enfant Jésus tend la main pour s'approprier l'ultime prophétie inscrite sur un phylactère déployé par Jean Baptiste : *Voici l'Agneau de Dieu, qui enlève le péché du monde* (Jn 1, 29). Et voici que Jean porte un bâton de roseau, qui évoque la réponse à la question de sa mission unique à la charnière de l'ancienne et de la nouvelle Alliance : *Qu'êtes-vous allés regarder au désert ? un roseau agité par le vent ?* (Mt 11, 7). C'est lui, le prophète Élie qui doit venir. Celui qui a des oreilles, qu'il entende ! (Mt 11, 14-15). Et que celui qui a des yeux voie : ce bâton est cruciforme pour avertir sur la manière à la fois tragique et sublime par laquelle le péché sera effectivement enlevé du monde.

***

Marie avec l'Enfant Jésus et saint Jean Baptiste (1704)
Carlo Maratta
(Camerano, 1625 – Rome, 1713)
huile sur cuivre, 70,5 x 56,5 cm

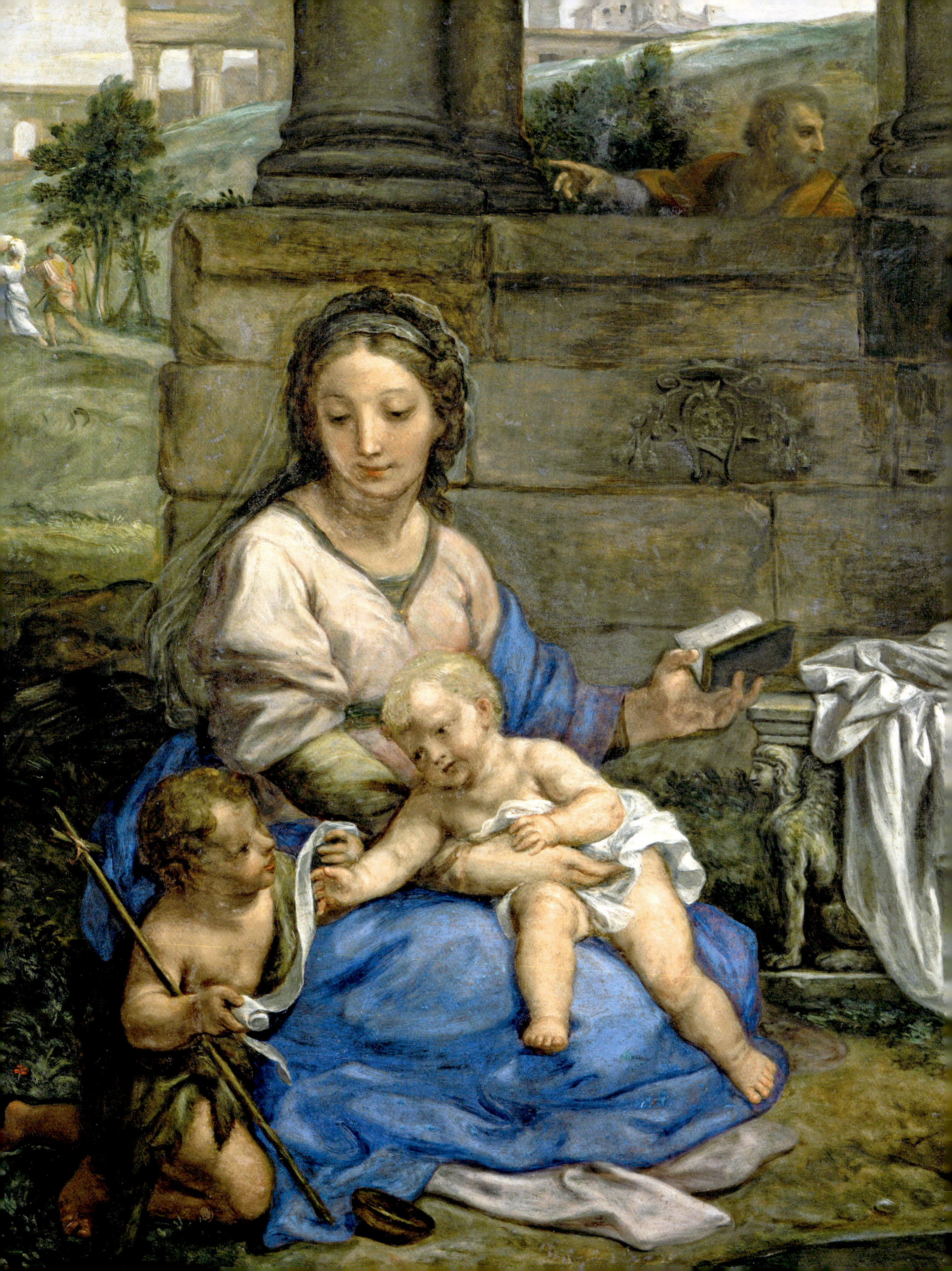

Jean naît d'une vieille femme stérile. Il est au terme des Prophètes. Le Christ naît d'une jeune vierge. Il est l'avenir Dieu. La naissance de Jean affronte l'incrédulité et son père devient muet. Marie croit à la naissance du Christ et elle l'engendre par la foi.

Jean apparaît donc comme une frontière placée entre les deux Testaments, l'ancien et le nouveau. Le Seigneur lui-même l'atteste lorsqu'il dit : *La Loi et les Prophètes vont jusqu'à Jean* (Lc 16, 16). Parce qu'il représente l'antiquité, il naît de deux vieillards ; parce qu'il représente la nouveauté, avant sa naissance, lorsque Marie s'approcha, il bondit dans le sein de sa mère. Il apparaît déjà comme le précurseur du Christ, avant que celui-ci puisse le voir. Zacharie se tait et perd la parole jusqu'à la naissance de Jean, précurseur du Seigneur, qui lui rend la parole. La parole rendue à Zacharie à la naissance de Jean correspond au voile déchiré à la mort de Jésus sur la croix. La parole lui est rendue à cause de la naissance de celui qui est la voix ; car on demandait à Jean qui annonçait déjà le Seigneur : *Toi, qui es-tu ?* Et il répondit : *Je suis la voix qui crie dans le désert* (Jn 1, 22-23). La voix, c'est Jean, tandis que le Seigneur est la Parole : *Au commencement était le Verbe* (Jn 1, 1). Jean, c'est la voix pour un temps ; le Christ, c'est le Verbe au commencement, c'est le Verbe éternel.

Saint Augustin

23

L'éternel Féminin
La Vierge à l'enfant

Hic adsta, docilis gens
sacra Christo audi,
docta datur virgo magistra;
factis corda suis erudit intus,
et virtutis iter praevia monstrat.

Fervet mille modis pectoris aestus
dum fit grata Deo fit sibi vilis :
quae regem superum concipit alvo,
ancillae titulo laeta superbit.

Secreta placidae mentis in aula,
audit blanda Dei verba loquentis ;
pro verbis tacitos, quos Deus afflat,
de puro gemitus corde rependit.

Sponso casta suo sponsa fidele
hic dat perpetui pignus amoris :
hic desideriis icta supernis
mens jam pasta Deo praeripit astra.

Sit laus summa Patri, summaque Nato;
compar Spiritui gloria sancto ;
quos in corde foves Virginis aestus,
nostris, alme Deus, cordibus infer.
Amen.

Peuple docile au Christ,
écoute ces paroles sacrées :
une vierge sage nous est donnée,
elle instruit nos cœurs,
et nous guide sur le chemin de la vertu.

De tout son cœur elle veut plaire à Dieu,
mais sans se glorifier elle-même :
elle qui a conçu en son sein le roi céleste,
se réjouit de son titre de servante.

Dans le secret de son esprit en paix,
elle entend le message divin ;
sous l'ombre de l'Esprit, son cœur pur répond,
non en paroles, mais en des gémissements ineffables.

L'épouse chaste, à son époux fidèlement,
offre ici la promesse d'un amour éternel :
portée par l'immensité de son désir,
sa pensée atteint déjà l'au-delà des étoiles.

La plus haute gloire soit au Père et au Fils ;
une gloire égale à l'Esprit Saint.
La ferveur que tu suscites dans le cœur de la Vierge,
Dieu bienveillant, fais-la naître en nos cœurs.
Amen.

Fondateur du mouvement nabi, puis des ateliers d'art sacré avec Georges Desvallières, membre du tiers ordre dominicain, Maurice Denis sut allier à la fine pointe de la modernité la plus haute inspiration chrétienne. Sa *Madone au jardin fleuri* reflète sa méditation sur le mystère de la grâce paradisiaque, certes perdue à première vue, mais pas aux yeux de l'artiste, persuadé que cette grâce a été bel et bien remise à notre portée par la résurrection du Christ. En ce sens, à l'arrière-plan de ce tableau, Maurice Denis représente un jardin merveilleux, non pas certes le paradis perdu dans sa sauvage beauté primitive, mais un paradis terrestre modelé et travaillé par l'homme *à la sueur de son front*. Dans ce nouvel Éden qui témoigne qu'au masculin, si tout est redevenu possible, tout se révèle laborieux, Maurice Denis place « la femme », en tant qu'elle a reçu le pouvoir de réenchanter le monde en étant simplement fidèle à la grâce même de sa féminité. Ici, tout ce qui est féminin reflète l'innocence première, celle qui méritera la gloire de l'Assomption.

Dans la modestie de sa pureté et la splendeur de sa maternité, la madone est une toute jeune fille ; elle est entourée d'anges qui sont des petites filles, et de petites filles qui sont des anges. Dans ses bras, le fruit de ses entrailles, encore poupon, est, paradoxalement, le seul à avoir les yeux grands ouverts sur l'extérieur du tableau paradisiaque. Son regard de bonté se projette sur la réalité du monde, cette vallée de larmes, où il est promis à l'agonie jusqu'à la fin des temps. Il le faut bien, puisque les hommes continuent à vivre comme s'ils n'avaient pas été sauvés.

Madone au jardin fleuri (1907)
Maurice Denis
(Granville, 1870 – Paris, 1943)
huile sur toile, 92 x 77,3 cm

MAVRICE DENIS 1907

AVE MARIA ! sur la terre et sur la mer,
Cette heure, plus que toute autre céleste
Est la plus digne de toi !

AVE MARIA ! Bénie soit cette heure,
Bénis soient le jour, le pays et le lieu où tant de fois
J'ai senti dans toute sa plénitude
Ce moment si beau et si doux descendre sur terre,
Tandis que la cloche profonde se balançait dans la tour lointaine.
Le doux cantique du jour mourant s'élevait avec légèreté ;
Pas un souffle ne glissait dans l'air couleur de rose,
Et cependant les feuilles des arbres semblaient agitées
Du tressaillement de la prière.

AVE MARIA ! C'est l'heure de la prière !
Ave Maria ! C'est l'heure de l'amour !
Ave Maria ! Permets que nos esprits
S'élèvent jusqu'à toi et jusqu'à ton Fils !
Ave Maria ! Oh ! Que ce visage est beau !
Et ces yeux baissés sous l'aile de la Colombe toute-puissante !
Qu'importe que ce ne soit là qu'une image peinte ?
Ce tableau n'est pas une idole ; il est la vérité.

Lord Byron

24

LA MAISON-DIEU
La maison de Marie

Mysterium Ecclesiae
hymnum Christo referimus,
quem genuit puerpera
Verbum Patris in Filium.

Sola in sexu femina
electa es in saeculo,
et meruisti Dominum
sancto portare in utero.

Mysterium hoc magnum est,
Mariae quod concessum est,
ut Deum, per quem omnia,
ex se videret prodere.

Vere gratia plena es,
et gloriosa permanes,
quia ex te nobis natus est Christus
per quem facta sunt omnia.

Rogemus ergo, populi
Dei Matrem et Virginem
ut ipsa nobis impetret
pacem et indulgentiam.

Jesu, tibi sit gloria,
qui natus es de Virgine,
cum Patre et almo Spiritu
in sempiterna saecula.
Amen.

Mystère de l'Église,
cette hymne que nous chantons
au Christ, fils d'une Vierge,
Verbe du Père.

Seule entre toutes les femmes,
tu as été choisie dans les siècles,
et jugée digne de porter le Seigneur
en ton saint ventre.

Ce mystère est grand !
À Marie seule le privilège
de voir naître de son sein
le Dieu qui a créé toutes choses.

Vraiment tu es comblée de grâce,
et ta gloire demeure à jamais ;
car de toi est né le Christ
par qui toutes choses furent faites.

Peuples, implorons donc la Vierge
Mère de Dieu,
afin qu'elle nous obtienne à tous
paix et miséricorde.

Gloire à toi, Seigneur,
qui es né de la Vierge ;
gloire au Père et au Saint-Esprit,
dans les siècles sans fin.
Amen.

À la charnière du XIXᵉ et du XXᵉ siècle, le courant artistique le plus important ne fut pas l'impressionnisme mais bien le symbolisme, dont Guillaume Dubufe fut l'un des maîtres. Ce mouvement se développa comme une réaction poétique et spirituelle contre le matérialisme, le positivisme et le rationalisme, qui menaçaient de conduire à la mort de l'art en disqualifiant tout sentiment du sacré. Ainsi Baudelaire, Verlaine et Mallarmé, les pères du symbolisme, prophétisaient-ils que le matérialisme allait finir par briser tous les liens qui donnent des raisons de vivre: liens verticaux qui unissent les hommes à Dieu, liens horizontaux qui unissent les hommes entre eux. Et Rodin d'expliquer que, quand l'homme moderne charge la science et la philosophie positiviste de lui donner le sens de sa destinée dans l'univers, la vocation de l'art est d'aller à contre-courant et de dépasser la science, de devenir « méta-scientifique », c'est-à-dire religieux. Depuis le Moyen Âge, l'art était le reflet de l'âme de la société. Désormais, dans un monde sans âme, l'art ne peut survivre que comme combat contre une société devenue rationnelle, triviale, inculte, marchande et bêtement laborieuse. Les trois armes de cet art polémique (au sens propre) seront l'expression (qui libère de l'imitation de la nature), l'imagination (qui décompose le réel pour le recomposer selon les règles de l'âme) et l'onirisme (comme fuite en dehors de la rationalité). Ainsi, dans cette *Maison de la Vierge*, la vibration d'une lumière blanche et diaphane nimbe le tableau comme une image sortie d'un rêve, une image où tout est mystère à déchiffrer.

« Il faut tout cela pour oser dire vos louanges,
Ô vous, Vierge Mère, Ô vous Marie Immaculée,
Vous, blanche à travers les battements d'ailes des anges,
Qui posez vos pieds sur notre terre consolée. »
Paul Verlaine

Guillaume Dubufe nous invite au pays des merveilles, dans un monde où le rêve répond au rêve, l'âme à l'âme.

La Maison de la Vierge (1890)
Guillaume Dubufe
(Paris, 1853 – Buenos Aires, 1909)
huile sur toile, 291 x 201 cm

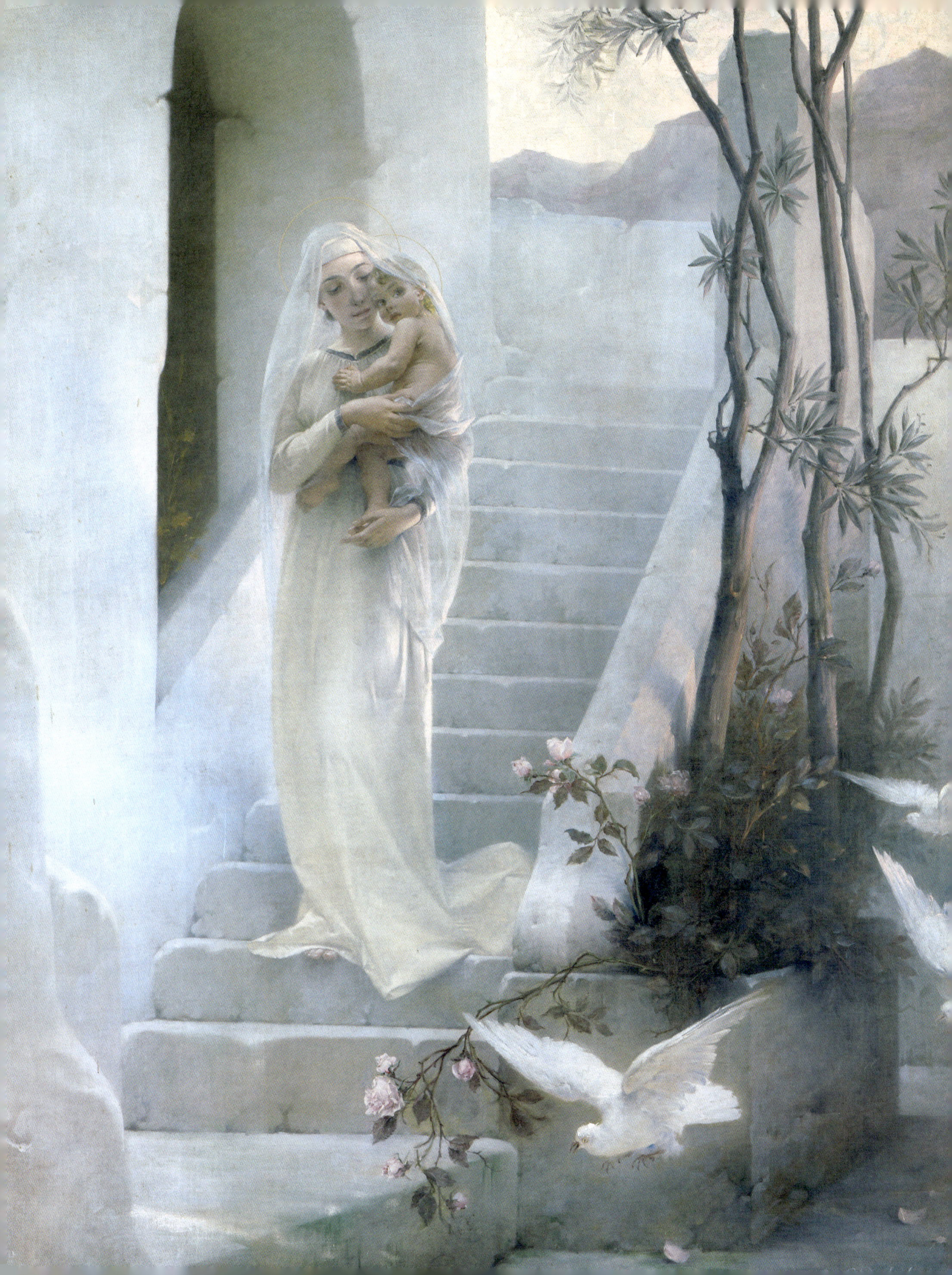

Je vous salue,
Marie,
Maison du Seigneur,
Élevée en toute pureté,
Où le Christ s'est construit
La maison de son corps,
Pour faire de l'homme
La maison du Dieu vivant.

Théodore Studite

ALMA MATER
Marie à Nazareth

Infans Deus, qui gaudia
pacis perennis nuntias ;
te quanta monstrat optimum
mundo stupendi charitas !

Ad nos ab altis sedibus.
Pastor bonus delaberis :
ut ad supernam devias
oves reducas patriam.

Manens Deus fis parvulus,
nobis ut arctam detegas
coeli viam, qua praevium
te subsequamur parvuli.

Concede corda mutui
flammis amoris ardeant,
quibus tuo non impares
grates litemus numini.

Superbientis deprime
vanos tumores pectoris :
infantiumque lactea
fac te colamus indole.

Sit Trinitati gloria,
qua dante, Christe, nasceris
et filius fis Virginis,
ut filii simus Dei.
Amen.

Dieu enfant, promesse joyeuse de paix éternelle,
quel dessein te fait descendre ici-bas,
et verser sur le monde stupéfait
les trésors de ton amour ?

Bon Pasteur, tu descends
du plus haut des cieux
pour ramener au bercail céleste
tes brebis égarées.

Sans cesser d'être Dieu,
te voici un enfant qui nous révèle
la voie du ciel où nous devons te suivre
en devenant semblables à des enfants.

Fais que nos cœurs brûlent pour toi
d'un amour digne de ton amour,
autant qu'il sera possible
à notre faiblesse.

Abaisse et dissipe la vaine enflure
de notre esprit superbe, afin que l'esprit
de l'enfance répandu en nos cœurs
fasse agréer nos hommages.

Gloire à la Trinité sainte,
à qui nous devons, ô Jésus,
votre naissance d'une Vierge,
pour nous faire enfants de Dieu.
Amen.

Dans une symphonie florale, une aimable fratrie offre sa ferveur à un adorable poupon aux cheveux bouclés. Adorable, cet enfant l'est au sens propre puisqu'il s'agit de Jésus sur les genoux de sa mère, Marie de Nazareth, reconnaissable à sa vêture intemporelle. Le tableau est charmant, mais certains argueront que cette *Adoration* ressortit plus à l'image pieuse surannée qu'à l'œuvre d'art. Pourtant, si l'on veut bien regarder de plus près la plastique de cette œuvre, on découvre pourquoi Giuseppe Magni a toujours été considéré comme un artiste de qualité. Admirons ici le rendu des fleurs, des drapés et des chairs, et surtout la manière dont la posture de chaque personnage parvient à évoquer une attitude spirituelle originale. Entrons dans l'esprit de cette scène de genre, où la naïveté, loin d'être une faiblesse, est une qualité qui a été recherchée à dessein. Alors que la civilisation occidentale a perdu la grâce de l'enfance telle que l'Évangile nous en parle, l'artiste croit encore en nous, il croit que notre regard est encore capable d'apercevoir les béatitudes que discerne une âme d'enfant.

La contemplation de cette *Adoration* nous permet de mesurer à quel point nos nouvelles « valeurs » sociétales ont réussi – si l'on peut dire par antiphrase ! – à déraciner les vertus de l'enfance chrétienne ; celles qu'ici Guiseppe Magni exalte ; celles qui, profondément enracinées dans le terreau de l'amour, fleurissent naturellement au cœur du bonheur d'être chrétien en famille ; celles que notre mère nous enseignait dès le berceau ; celles que nous voyions pratiquer par notre père. Et parmi ces vertus, d'abord la piété. Cette piété familiale qui nourrit authentiquement la vie spirituelle personnelle des enfants. Si aujourd'hui je suis toujours chrétien, fidèle, n'est-ce pas parce qu'à 10 ans, une fois au lit après que mes parents m'avaient béni en me traçant du pouce une croix sur le front, je m'endormais les mains croisées sur le cœur, en faisant ma prière ?

Adoration
Giuseppe Magni
(Pistoia, 1869 – Florence, 1956)
huile sur toile, 70,5 x 88,2 cm

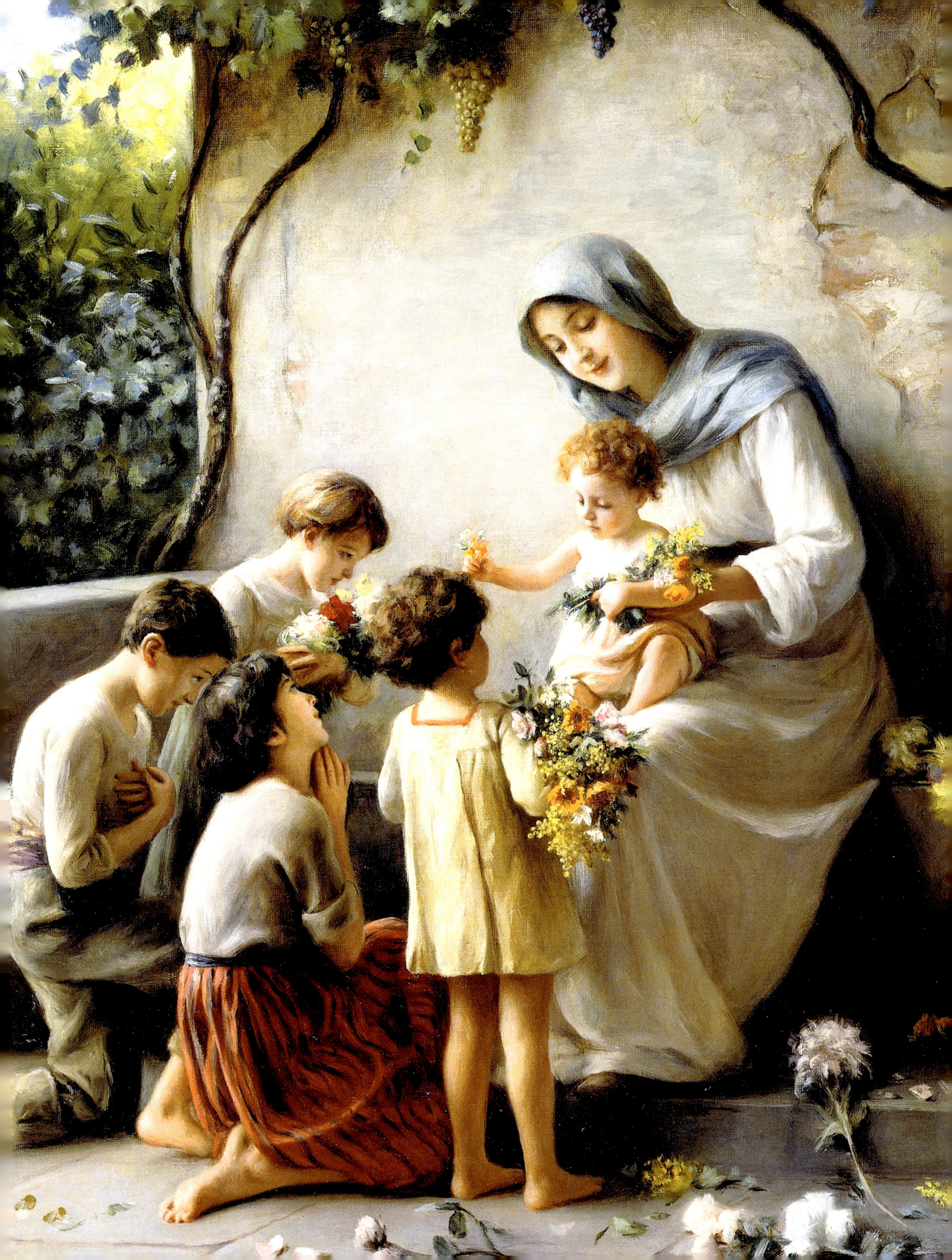

Je le dis, dit Dieu, je ne connais rien d'aussi beau dans tout le monde
Qu'un petit enfant qui s'endort en faisant sa prière
Sous l'aile de son ange gardien
Et qui rit aux anges en commençant de s'endormir ;
Et qui déjà mêle tout ça ensemble et qui n'y comprend plus rien ;
Et qui fourre les paroles du *Notre Père* à tort et à travers pêle-mêle
Dans les paroles du *Je vous salue, Marie*
Pendant qu'un voile descend sur ses paupières,
Le voile de la nuit sur son regard et sur sa voix.
J'ai vu les plus grands saints, dit Dieu.
Eh bien, je vous le dis, je n'ai jamais rien vu de si drôle
et par conséquent je ne connais rien de si beau dans le monde
Que cet enfant qui s'endort en faisant sa prière
Et qui mélange son *Notre Père* avec son *Je vous salue, Marie*.
Rien n'est aussi beau et c'est même un point
Où la sainte Vierge est de mon avis là-dessus.
Et je peux bien dire que c'est le seul point où nous soyons du même avis.
Car généralement nous sommes d'avis contraire,
Parce qu'elle est pour la miséricorde
Et moi il faut que je sois pour la justice.

CHARLES PÉGUY

26

Mère du bel Amour
La Sainte Famille de Nazareth

O LUX BEATA CAELITUM
et summa spes mortalium,
Iesu, o cui domestica
arrisit orto caritas.

Maria, dives gratia,
o sola quae casto potes
fovere Iesum pectore
cum lacte donans oscula.

Tuque ex vetustis patribus
delecte custos Virginis,
dulci patris quem nomine
divina Proles invocat.

De stirpe Iesse nobili
nati in salutem gentium
audite nos qui supplices
vestras ad aras sistimus.

Iesu, tuis obediens
qui factus es parentibus,
cum Patre summo ac Spiritu
semper tibi sit gloria.
Amen.

Ô bienheureuse Lumière des cieux
et suprême espérance des mortels,
ô Jésus à qui dès ton avènement
a souri l'amour familial.

Marie, riche de grâce,
ô toi qui seule peux réchauffer
Jésus sur ta chaste poitrine
lui donnant ton lait, recevant ses baisers.

Et toi, parmi les anciens pères,
gardien choisi pour la Vierge,
toi que du doux nom de père
le divin enfant invoque.

De la noble racine de Jessé
nés pour le salut des nations,
écoutez-nous qui, suppliants,
sommes debout à vos autels.

Jésus soumis à tes parents
ainsi qu'il fut fait,
avec le Père suprême et l'Esprit Saint,
à toi soit toujours la gloire.
Amen.

Au flanc d'un petit coffre, une fenêtre est ouverte sur une fiole. Ce réceptacle précieux, traversé par la lumière sans en être brisé, est la métaphore du sein virginal de la Mère de Dieu, qui fut traversé par la « lumière née de la lumière », sans que son hymen fût brisé. Sur la table, une poire symbolise la douceur et la suavité des sentiments de Marie. Au sol, des fourmis, humbles travailleuses de l'ombre, frugales, honnêtes, vertueuses et sociables, figurent le modèle du bon chrétien. Elles sont sept. Ce nombre sacré signifie la perfection évangélique où conduit l'imitation de l'humilité de la Sainte Famille. Dans la maison de Nazareth, la famille de Jésus offre donc l'aimable tableau du bonheur domestique. Ce bonheur est une béatitude. Il manifeste le mystère du salut qui va s'accomplir dans l'éternité, après avoir traversé la souffrance et la mort. Joseph rabote un soliveau qui évoque le bois de la croix, tandis que Marie ourle précieusement un grand linceul blanc. Jésus, lui, arbore le visage charmant de l'enfance, allégorie de l'humanité appelée à renaître pour entrer dans le royaume de Dieu. Cependant, ce petit d'homme nous révèle sa divinité en tenant par un fil à la patte une fauvette de l'olivier domestiquée. Ce passereau, ami de l'homme, surpasse même le rossignol par la virtuosité de ses vocalises. Il symbolise le Verbe de Dieu descendu du ciel et venu habiter parmi nous, dans la condition des captifs de la chair. Enfin, aux pieds de l'Enfant-Dieu, voici un pyrrhocoris. Son « corps de feu » témoigne de l'amour dont le Fils de Dieu brûle pour l'humanité. Et, quand on le regarde de face, on découvre dessiné sur son dos le visage stylisé du Christ. Admirons la foi qui, au XVe siècle, poussait nos pères à reconnaître la présence symbolique du Seigneur jusque dans les plus humbles objets de leur vie quotidienne. Puissent les époux chrétiens partager cette foi des humbles de cœur et vivre l'ordinaire de leur vie familiale, au creuset de leurs limites et de leurs difficultés, comme une liturgie de communion à la charité du Christ. Tout, dans la vie de famille, ne revient-il pas à donner sa vie par amour ?

La Sainte Famille (après 1461)
enluminure tirée d'un livre
d'Heures espagnol
19,5 x 13,5 cm

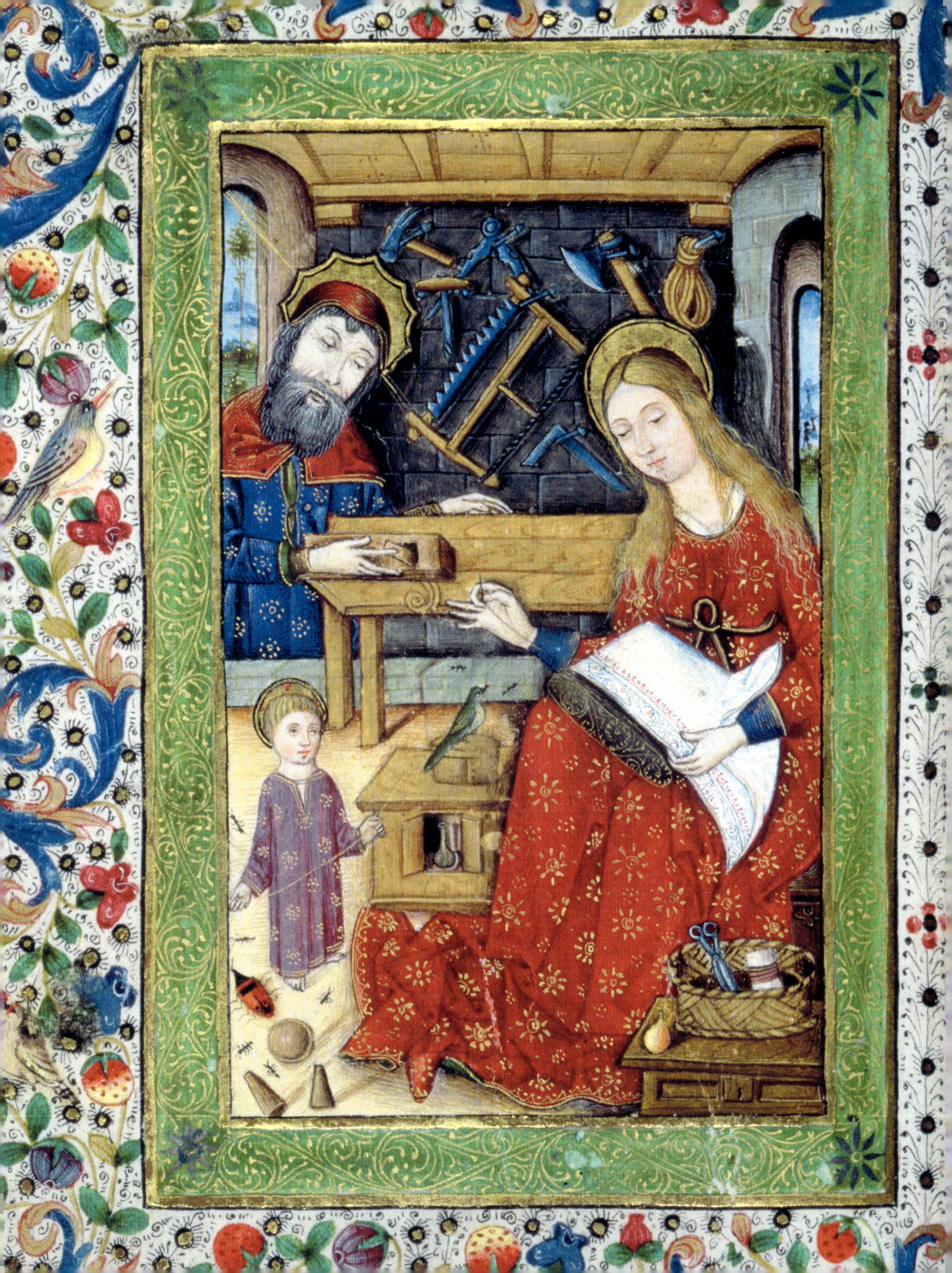

Marie mène une vie commune ; et elle est bien aise de la mener ; et elle la préfère à tout ce qui aurait été singulier et extraordinaire. Les révélations et les miracles ont eu leur temps ; il est passé ; elle est rentrée dans l'ordre commun, et elle s'en félicite. Marie ne reçoit plus d'ambassades du ciel ; Dieu ne suscite plus pour elle des Élisabeth, des Zacharie, des Syméon, qui lui apprennent ses hautes destinées. La voilà devenue une simple femme de ménage dans une bourgade. Son oraison est une oraison de foi et de nudité : elle ignore tellement ce qui s'y passe, qu'elle ne se permet pas même d'y réfléchir. Plus de recueillement sensible ; plus de présence de Dieu goûtée et aperçue. Elle prie toujours, mais simplement de cœur, et presque sans aucun acte distinct : rien de remarquable, même pour elle, dans ses exercices de dévotion. Les autres femmes qui la fréquentaient ne voyaient rien en elle qui les frappât, ni qui leur fît dire : Voilà une femme d'une piété extraordinaire. Si Marie eût été capable de quelque complaisance d'amour-propre, elle se serait complue en cette vie commune, qui la confondait avec la foule.

Père Jean-Joseph Huguet

27

Tuteur de l'Arbre divin
Saint Joseph charpentier

Cælitum Ioseph, decus,
atque nostræ certa spes vitæ,
columenque mundi,
quas tibi læti canimus,
benignus suscipe laudes.

Te, satum David, statuit Creator
Virginis sponsum, voluitque Verbi
te patrem dici, dedit et ministrum
esse salutis.

Tu, Redemptorem stabulo iacentem,
quem chorus vatum cecinit futurum,
aspicis gaudens, sociusque matris
primus adoras.

Rex Deus regum, dominator orbis,
cuius ad nutum tremit infernorum
turba, cui pronus famulatur æther,
se tibi subdit.

Laus sit excelsæ Triadi perennis,
quæ, tibi insignes tribuens honores,
det tuis nobis meritis beatæ
gaudia vitæ.
Amen.

Joseph, honneur des citoyens du Ciel,
espérance assurée de notre vie,
colonne du monde,
reçois avec bienveillance les joyeuses louanges
que nous t'adressons.

Rejeton de David, le Créateur t'a donné
pour époux à la Vierge, et il a voulu
qu'on t'appelât le père de son Verbe,
t'établissant ministre du salut.

Tu contemples le Rédempteur couché
dans l'étable, dont le chœur des prophètes
avait annoncé la venue,
avec Marie, tu es le premier à l'adorer.

Dieu, le Roi des rois, maître de l'univers,
qui d'un signe fait trembler les hordes
infernales et que les cieux servent à
genoux, voici qu'il t'est soumis.

Louange éternelle à la très haute Trinité,
qui t'a gratifié d'honneurs remarquables :
que par tes mérites elle nous accorde
les joies de la vie bienheureuse.
Amen.

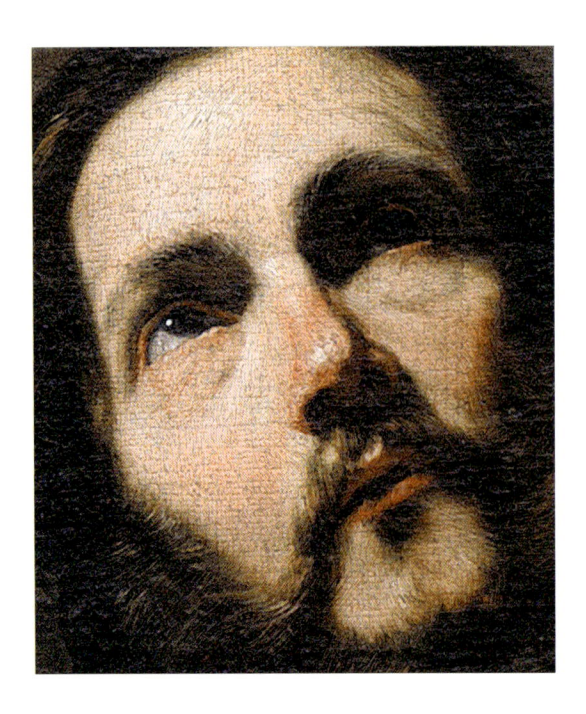

Joseph de Ribera nous accompagne ici dans la contemplation de ce grand mystère de la paternité humaine qui, en Joseph son saint patron, révèle la paternité divine. Homme jeune, noble et beau, Joseph tient fermement le bâton d'amandier qui, selon les apocryphes, a fleuri le jour de son élection par le cœur immaculé de Marie. À l'instar du bâton de Moïse et de celui d'Aaron, ce bâton rappelle aussi l'autorité divine conférée à Joseph et son sacerdoce. Il figure encore le bâton du pasteur, qui marque l'appartenance de Joseph à la descendance du berger David et indique que le saint homme est chargé de protéger et de guider l'Agneau de Dieu jusqu'à sa maturité humaine.

Jésus, lui, porte dans un panier les outils du charpentier. Dès son enfance, il n'a cessé de travailler avec son père ; le plus souvent à l'immense chantier de la ville nouvelle de Sepphoris, distante de Nazareth de cinq kilomètres. Avec Joseph, juché sur les hautes faîtières, il a partagé chaque midi le panier repas que leur préparait Marie. De lui il a tout appris, à devenir charpentier, à devenir un homme. N'est-il pas vrai que « le fils ne peut rien faire de lui-même s'il ne le voit faire au père » (cf. Jn 5, 19) ? Quand en parlant de Dieu, Jésus dira : *Mon Père est toujours à l'œuvre, et moi aussi je suis à l'œuvre* (Jn 5, 17), il ne pourra contenir son émotion. C'est qu'il avait expérimenté la profondeur humaine d'une telle communauté d'amour et d'œuvre entre un père et son fils. Cependant, quand à 12 ans Jésus se « perd » au Temple et que sa mère lui en fait le reproche : « *Ton père et moi étions dévorés par l'inquiétude !* », il lui répond : « *Il me faut être aux affaires de mon Père* » (Lc 2, 47-48).

C'est pourquoi ici, quand l'enfant Jésus élève son regard vers son père, son père ne lui rend pas son regard : il l'accompagne et l'élève vers le Père céleste. Et c'est aussi jusqu'à Dieu, son Père, que monte l'offrande que fait Jésus de ses outils de charpentier. N'est-il pas vrai que Jésus allait offrir sa vie pour le salut du monde sur une œuvre de charpentier ? Qu'il allait y être fixé avec un marteau et des clous, les outils du charpentier ? N'est-il pas vrai que la croix qui nous sauve, c'est, pour beaucoup, Joseph le charpentier qui l'a fabriquée ?

Saint Joseph et l'Enfant Jésus (v. 1630-1635)
José de Ribera
(Xativa, 1591 – Naples, 1652)
huile sur toile, 126 x 100 cm

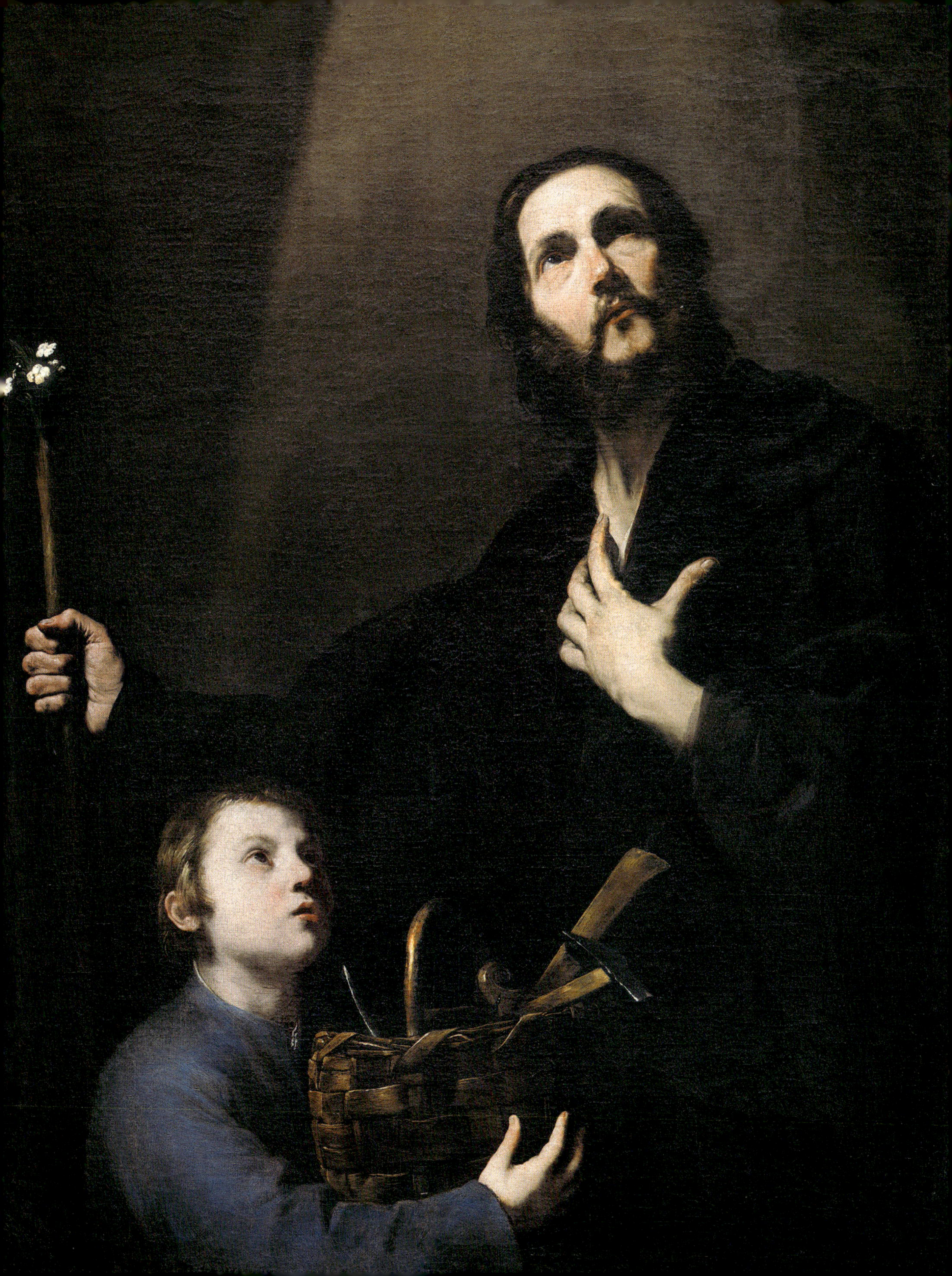

Je vous salue, Joseph, image de Dieu le Père ;
Je vous salue, Joseph, père de Dieu le Fils ;
Je vous salue, Joseph, sanctuaire du Saint-Esprit ;
Je vous salue, Joseph, bien-aimé de la Très Sainte Trinité ;
Je vous salue, Joseph, très fidèle coadjuteur du grand conseil ;
Je vous salue, Joseph, très digne époux de la Vierge Mère ;
Je vous salue, Joseph, père de tous les fidèles ;
Je vous salue, Joseph, gardien de tous ceux qui ont embrassé la sainte virginité ;
Je vous salue, Joseph, fidèle observateur du silence sacré ;
Je vous salue, Joseph, amant de la sainte pauvreté ;
Je vous salue, Joseph, modèle de douceur et de patience ;
Je vous salue, Joseph, miroir d'humilité et d'obéissance ;

Vous êtes béni entre tous les hommes ;
Et bénis soient vos yeux, qui ont vu ce que vous avez vu ;
Et bénies soient vos oreilles, qui ont entendu ce que vous avez entendu ;
Et bénies soient vos mains, qui ont touché le Verbe fait chair ;
Et bénis soient vos bras, qui ont porté celui qui porte toutes choses ;
Et bénie soit votre poitrine, sur laquelle le Fils de Dieu a pris un doux repos ;
Et béni soit votre cœur embrasé pour lui du plus ardent amour ;
Et béni soit le Père éternel, qui vous a choisi ;
Et béni soit le Fils, qui vous a aimé ;
Et béni soit le Saint-Esprit, qui vous a sanctifié ;
Et bénie soit Marie, votre épouse, qui vous a chéri comme un époux et comme un frère ;
Et béni soit l'Ange, qui vous a servi de gardien ;
Et bénis soient, à jamais, tous ceux qui vous aiment et qui vous bénissent.

Amen.

Saint Jean Eudes

Marie gardait tout dans son Cœur

Le recouvrement au Temple

CHRISTE, SPLENDOR PATRIS,
Dei mater Virgo, Ioseph,
tam sacrorum pignorum servator !

Nitet vestra domus floribus
virtutum, unde gratiarum
fons promanat ipse.

Imus praees, Ioseph,
humilisque iubes :
iubes et Maria
et utrique servis.

Iesu, Mater, Ioseph, mansionis
vestrae nostras date sedes
donis frui sanctis.

Tibi laudes, Christe, spem qui
nobis praebes tuos per parentes
caeli adire domum.
Amen.

Ô Christ, splendeur du Père,
Vierge, Mère de Dieu,
Joseph, gardien d'aussi saints objets !

Les fleurs des vertus
font briller votre famille :
une source de grâces en jaillit.

Tu es le chef, Joseph,
quoique le plus humble,
tu diriges Marie et l'enfant,
tu les sers l'un et l'autre.

Jésus, Marie et Joseph,
faites que nos familles jouissent
des fruits de sainteté de votre demeure.

Louange à toi, ô Christ qui nous donnes,
par tes parents, l'espérance
de rejoindre notre demeure du ciel.
Amen.

Ce panneau de bois, peint dans la première moitié du XVe siècle, fut sans doute exécuté par un disciple du maître catalan, Bernat Martorell. Le peintre qui demeure anonyme a choisi d'illustrer le moment où Marie et Joseph retrouvent Jésus dans le Temple, après trois jours de recherches. Dans une salle d'université médiévale, Jésus enfant se tient debout dans la chaire magistrale. Il porte l'habit des maîtres en théologie. Tourné vers ses parents, après que sa mère lui eut dit : « *Mon enfant, pourquoi nous as-tu fait cela ? Vois ! ton père et moi te cherchions, angoissés* », il leur répond : « *Pourquoi me cherchiez-vous ? Ne savez-vous pas que je dois être aux affaires de mon Père ?* » (Lc 2, 48-49). Marie et Joseph n'ont pas compris ce que leur enfant voulait leur dire. Cependant, leur visage exprime une écoute attentive : ils attendent encore une parole qui les éclairerait dans leur désarroi. Mais il ne leur sera pas donné d'autre explication. Par une gestuelle qui rappelle celle du *Noli me tangere*, l'Enfant-Dieu leur laisse entendre qu'il se passe ici un profond mystère, que bien des prophètes auraient voulu voir, et qu'eux-mêmes ne « saisiront » pas, du moins pour l'instant. Il leur faudra d'abord conserver toute chose en leur cœur. Quel insondable mystère, n'est-ce pas, que d'être les parents de Dieu !

De l'autre côté, dans leurs stalles, les docteurs de la Loi sont plongés dans l'Écriture, pour la relire dans la perspective ouverte par le divin enfant qui va l'accomplir. Mais ce sera un païen, centurion de l'armée romaine, qui s'écriera, au pied de la croix : « *Vraiment, cet homme était Fils de Dieu !* » (Mc 15, 39).

Le Christ parmi les docteurs
(1re moitié du XVe siècle)
école catalane
détrempe et feuille d'or sur bois, 111 x 76 cm

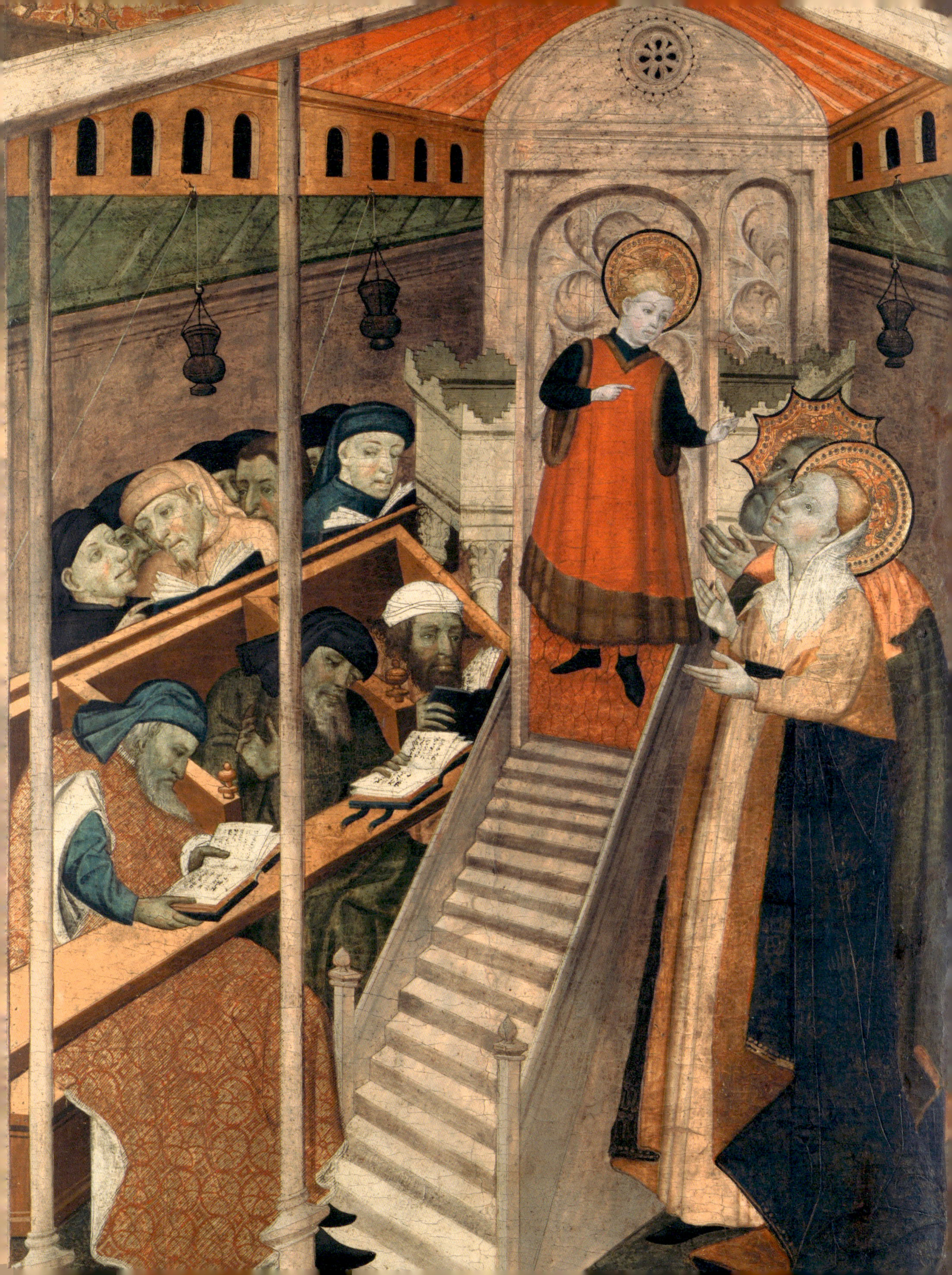

Une phrase de saint Luc éclaire ce mystère : Marie gardait toutes ces choses dans son cœur (Lc 2, 51). Le foyer de Nazareth a vécu dans une totale harmonie, en nourrissant des sentiments de tendre compassion, de bonté, d'humilité, de douceur, de patience (cf. Col 3, 12). La présence du Dieu incarné, la présence de son amour, transfigurait tout dans la joie et l'émerveillement. Ce qu'ils comprenaient, Marie et Joseph s'en pénétraient jusqu'au plus profond de leur être. Et ce qu'ils ne comprenaient pas, comme cette disparition de leur enfant, ils le gardaient en eux, pour que ces gestes et ces paroles, qui les dépassaient, agissent sur leur cœur et l'élargissent peu à peu à la mesure des vouloirs du Père.

N'est-ce pas ainsi que doivent vivre, très spécialement, ceux qui se sont unis au nom du Seigneur ?

Si vous voulez que s'épanouisse dans vos foyers l'idéal si précis que trace saint Paul, laissez le Christ vivre au milieu de vous et en vous.

Père Ambroise-Marie Carré, o.p.

Médiatrice de toutes Grâces
Les noces de Cana

Eva parens, quid fecisti ?
quae serpentis credidisti
promissis fatalibus ?
Vitam nobis abstulisti,
coeli viam praeclusisti,
afflictis mortalibus.
Hinc peccato mancipatum,
foeda labe maculatum,
nostrum genus nascitur.
Sed peccati Virgo victrix,
et serpentis interfectrix,
hodie concipitur.
Radix Iesse,
fons signatus,
soli Deo patens hortus,
tu mundo medeberis.
Veni, Virgo speciosa,
tota spinis carens rosa ;
veni, coronaberis.
Mille donis tu decora,
solem praeris ut aurora :
tu pro nobis semper ora,
affer opem miseris.
Amen.

Ève, notre mère, qu'avez-vous fait
en vous confiant trop naïvement
aux promesses funestes du serpent ?
Vous avez ruiné notre vie ;
vous avez fermé la voie du ciel
aux infortunés mortels.
Devenus par là esclaves du péché,
nous naissons tous souillés
de cette tache originelle.
Mais aujourd'hui est conçue une Vierge
victorieuse du péché,
et qui a le pouvoir d'écraser la tête du serpent.
Digne rejeton de Jessé,
fontaine mystérieuse,
jardin délicieux ouvert à Dieu seul,
c'est vous qui devez guérir le monde.
Venez, Vierge charmante,
vous êtes semblable à une rose sans épines ;
venez, vous serez couronnée.
Ornée de mille dons ; ainsi que l'aurore,
vous devancez le lever du soleil ;
priez sans cesse pour nous
et secourez notre faiblesse.
Amen.

Quand il peint *Les Noces de Cana*, Julius Schnorr von Carolsfeld achève sa formation à Rome. Là, il fréquente les nazaréens, groupe d'artistes allemands, soucieux de donner un souffle nouveau à la peinture religieuse en mariant avec bonheur la précision graphique propre à leur culture germanique et une animation toute latine inspirée des grands maîtres de la Renaissance italienne. Le tableau dans son ensemble propose une lecture symbolique de l'épisode. À partir du mariage, sacrement primordial de la création, c'est le mystère du plus grand amour, le signe des signes, qui est manifesté à Cana. Depuis la chute, l'amour humain, figuré ici par la fontaine, ne produit plus que de l'eau insipide. Cependant, cette eau va être recueillie et purifiée par Israël, figuré ici par les six jarres, comme signe de son alliance avec Dieu. Jésus change cette eau en vin, à la demande de sa mère, comme si son heure était déjà venue. Comme sur la croix, Jésus est entouré de Marie, sa mère, et de Jean. Comme sur la croix, il élève l'amour humain au rang d'amour divin. Il ne remplace pas l'eau par du vin, mais il la transfigure. Dans l'iconographie chrétienne, son geste de la main droite est celui de Dieu créant le monde, manifestant qu'en lui, de la Genèse à la fin des temps, en passant par la croix, c'est le même « grand mystère » des noces de Dieu avec l'humanité qui s'accomplit.

Les Noces de Cana (1819)
Julius Schnorr von Carolsfeld
(Leipzig, 1794 – Dresde, 1872)
huile sur toile, 138,5 x 208 cm

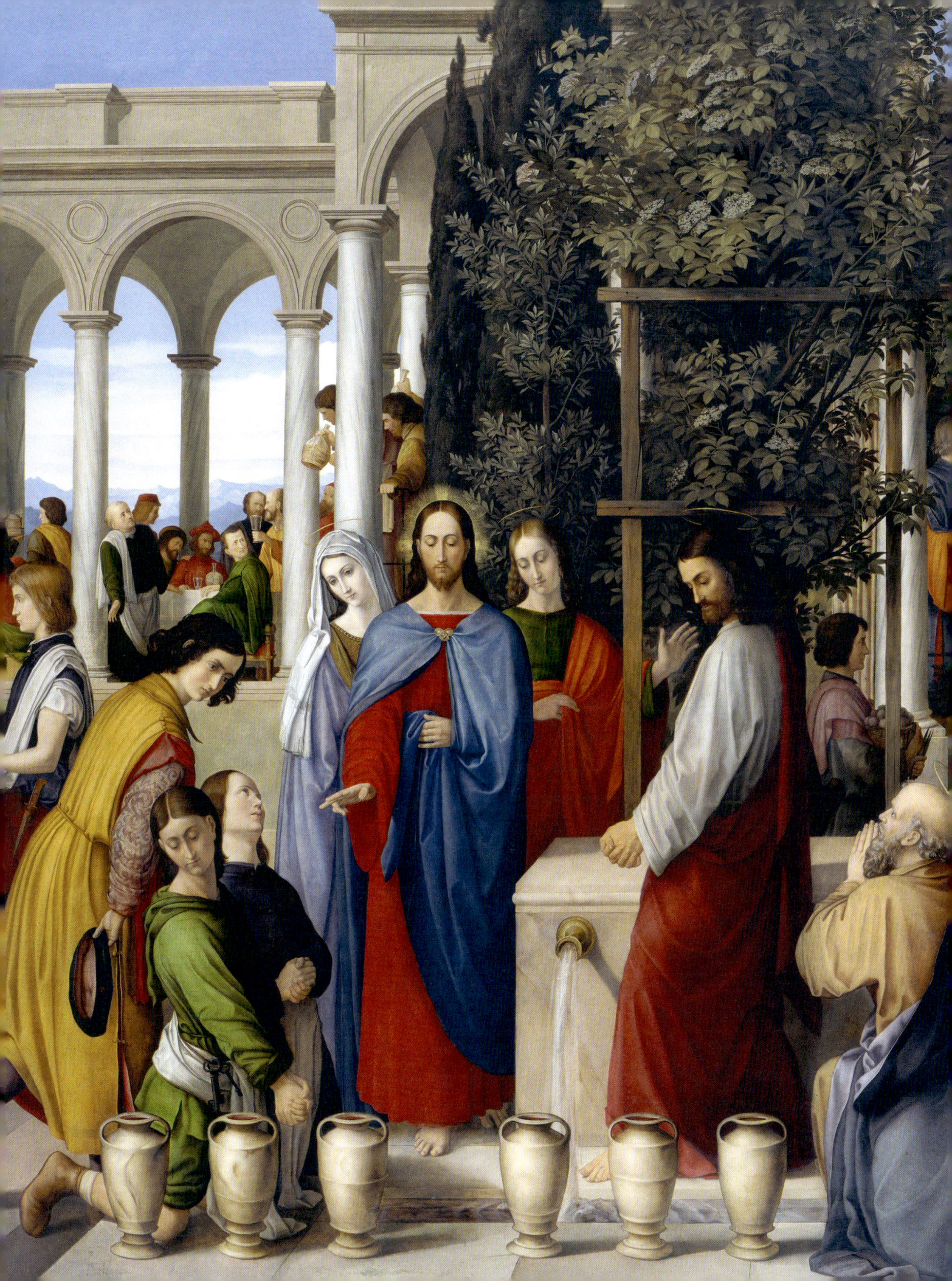

Jésus et sa sainte Mère avec ses disciples : chères sœurs, quelle compagnie ! Ils sont invités à un festin, ô festin pieux ! et à un festin nuptial, ô noces mystérieuses ! Mais à ce festin le vin manque, le vin, que les délicats appellent l'âme des banquets. Est-ce avarice, est-ce pauvreté, est-ce négligence ? ou bien n'est-ce pas plutôt quelque grand mystère, que le Saint-Esprit nous propose pour exercer nos intelligences ? Certes il est ainsi, mes très chères sœurs. Car je vois que le Sauveur Jésus, pour suppléer à ce défaut, change l'eau en vin excellent ; et ce vin se sert à la fin du repas, au grand étonnement de la compagnie. Ô vin admirable et plein de mystères, fourni par la charité de Jésus aux prières de la sainte Vierge ! Je vous demande, mes sœurs, quel intérêt prend le maître de sobriété à ce que cette compagnie ne soit pas sans vin. Était-ce chose qui méritât que sa toute-puissance y fût employée ? Était-ce en une pareille rencontre où il devait commencer à manifester sa gloire ? Et un ouvrage de cette nature devait-il être son premier miracle ? Croyez-vous que ceci soit sans mystère ? À Dieu ne plaise, âmes chrétiennes, que nous ayons une telle opinion de notre Sauveur. Il est la Sagesse et la Parole du Père : tous ses discours et toutes ses actions sont esprit et vie ! Tout y est lumière, tout y est intelligence, tout y est raison.

Il représente en son premier miracle ce qu'il est venu faire en ce monde. Ses disciples croient en lui en ce jour : c'est le commencement de l'Église. Il garde son meilleur vin pour la fin du repas : c'est l'Évangile pour le dernier âge, qui doit durer jusqu'à la consommation des siècles. Ce vin, il le tire de l'eau et il change l'eau en vin : c'est qu'il change la Loi en Évangile, c'est-à-dire la figure en vérité, la lettre en esprit, la terreur en amour.

Jacques-Bénigne Bossuet

30

Cœur transpercé
La crucifixion

Stabat mater dolorosa
iuxta crucem lacrimosa
dum pendebat Filius.

Cuius animam gementem,
contristatam et dolentem,
pertransivit gladius.

O quam tristis et afflicta
fuit illa benedicta
Mater Unigeniti.

Quae moerebat et dolebat,
pia Mater cum videbat
nati poenas incliti.

Quis est homo qui non fleret,
Matrem Christi si videret
in tanto supplicio ?

Quis non posset contristari,
Christi Matrem contemplari
dolentem cum Filio ?

Pro peccatis suae gentis
vidit Iesum in tormentis
et flagellis subditum.

Vidit suum dulcem natum
morientem desolatum,
dum emisit spiritum.
Amen.

Debout, la mère des douleurs,
près de la croix, était en pleurs
quand son Fils pendait au bois.

Alors, son âme gémissante
toute triste et toute dolente
un glaive la transperça.

Qu'elle était accablée, anéantie,
la femme entre toutes bénie,
la Mère du Fils de Dieu !

Dans le chagrin qui la poignait,
cette tendre Mère pleurait
son Fils mourant sous ses yeux.

Quel homme sans verser de pleurs
verrait la Mère du Seigneur
endurer si grand supplice ?

Qui pourrait dans l'indifférence
contempler en cette souffrance
la Mère auprès de son Fils ?

Pour toutes les fautes humaines,
elle vit Jésus dans la peine
et sous les fouets meurtri.

Elle vit l'Enfant bien-aimé
mourir tout seul, abandonné,
et soudain rendre l'esprit.
Amen.

Titien naît à la fin du XVe siècle et disparaît, le pinceau à la main, à la fin du XVIe siècle, approchant des 90 ans. Précisément, ce Christ portant sa croix est une œuvre de pleine maturité. De petite taille, ce tableau était destiné à la dévotion privée, à une époque où la foi commençait à être vécue comme une pratique plus individuelle et moins communautaire, et l'œuvre d'art recherchée pour sa seule beauté formelle. Son individualisme spirituel autorise l'artiste à exprimer sa subjectivité dans son œuvre. Avec sa touche picturale vibrante, qui dissout le contour des formes, Titien parvient à rendre comme physiquement sensible le drame qui se joue. Nous sommes face à un portrait d'une vérité incomparable, parce que sous-tendu par une grande finesse d'analyse psychologique. De son regard injecté de sang, au travers de ses larmes, Jésus parle au cœur du spectateur. De son bras puissant et de sa main déployée, il fait un barrage infranchissable à la croix afin qu'elle ne nous écrase pas. En revanche son visage n'exprime qu'une profonde sérénité : ni reproche, ni compassion, ni même douleur. Son regard dit tout. Il ne dit pas : « Toi qui me regardes, n'oublie pas : c'est pour assurer ton bonheur que je souffre, c'est pour que tu aies la vie que je meurs. » Son regard dit tout ! Il dit : « Toi qui mets ton regard dans mon regard, m'aimes-tu ? »

Le Portement de croix avec Simon de Cyrène (v. 1565, détail)
Vecellio Tiziano, dit Titien
(Pieve di Cadore, v. 1488 – Venise, 1576)
huile sur toile, 67 x 77 cm

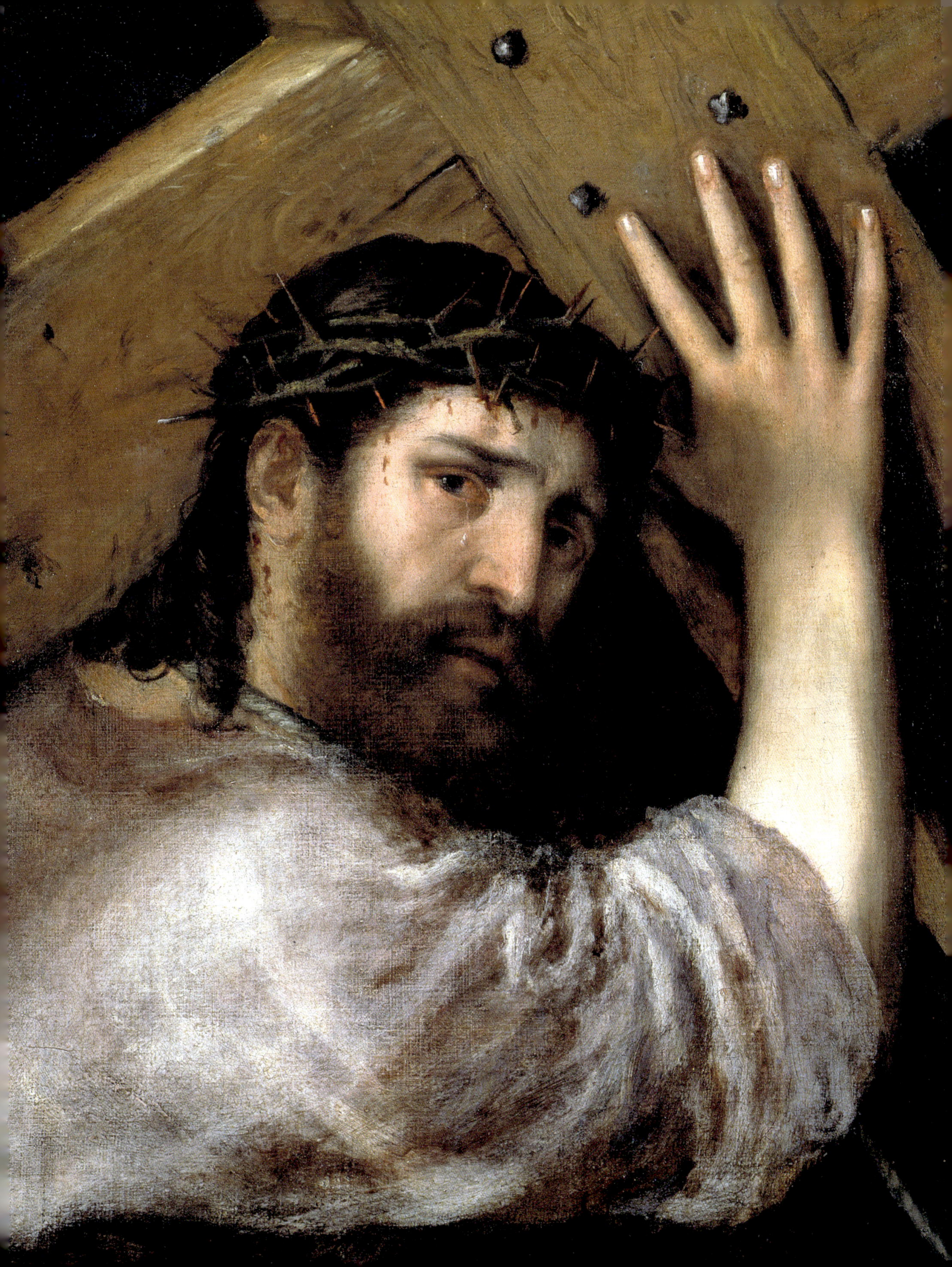

Voici au coin de la rue qui attend le Trésor de toute Pauvreté.
Ses yeux n'ont point de pleurs, sa bouche n'a point de salive.
Elle ne dit pas un mot et regarde Jésus qui arrive.
Elle accepte. Elle accepte encore une fois. Le cri
Est sévèrement réprimé dans le cœur fort et strict,
Elle ne dit pas un mot et regarde Jésus-Christ.
La Mère regarde son Fils, l'Église son Rédempteur,
Son âme violemment va vers lui comme le cri du soldat qui meurt !
Elle se tient debout devant Dieu et lui offre son âme à lire.
Il n'y a rien dans son cœur qui refuse ou qui retire,
Pas une fibre en son cœur transpercé qui n'accepte et ne consente.
Et comme Dieu lui-même qui est là, elle est présente.
Elle accepte et regarde ce Fils qu'elle a conçu dans son sein.
Elle ne dit pas un mot et regarde le Saint des Saints.

Paul Claudel

31

CONSOLATRICE DES AFFLIGÉS
La déposition

Eia, Mater, fons amoris,
me sentire vim doloris
fac, ut tecum lugeam.

Fac ut ardeat cor meum
in amando Christum Deum,
ut sibi complaceam.

Sancta Mater, istud agas,
Crucifixi fige plagas
cordi meo valide.

Iuxta crucem tecum stare,
ac me tibi sociare
in planctu desidero.

Fac ut portem Christi mortem,
passionis fac consortem,
et plagas recolere.

Fac me plagis vulnerari,
fac me cruce inebriari,
et cruore Filii.

Flammis ne urar succensus
per te Virgo, sim defensus
in die iudicii.

Christe, cum sit hinc exire,
da per Matrem me venire
ad palmam victoriae.

Quando corpus morietur,
fac ut animae donetur
Paradisi gloria. Amen.

Ô Mère, source de tendresse,
fais-moi sentir grande tristesse
pour que je pleure avec toi.

Fais que mon âme soit de feu
dans l'amour du Seigneur mon Dieu :
que je lui plaise avec toi.

Mère sainte, daigne imprimer
les plaies de Jésus crucifié
en mon cœur très fortement.

Je désire auprès de la croix
me tenir, debout avec toi,
dans ta plainte et ta souffrance.

Du Christ fais-moi porter la mort,
partager la Passion
et parcourir à nouveau les plaies.

Fais que ses propres plaies me blessent,
Que la croix me donne l'ivresse
Du sang versé par ton Fils.

Empêche que je sois consumé dans les flammes ;
Ô Vierge, assure ma défense
À l'heure de la justice.

Ô Christ, à l'heure de partir,
Puisse ta Mère me conduire
À la palme de la victoire.

À l'heure où mon corps va mourir,
À mon âme fais obtenir
La gloire du Paradis. Amen.

Cette œuvre intitulée *La Mise au tombeau* est en fait une déploration, terme qui signifie « les femmes en pleurs ». L'artiste a placé la scène non pas au pied de la croix, selon la représentation traditionnelle, mais au tombeau, alors que le linceul allait être refermé sur le visage du Christ. Joseph d'Arimathie et Nicodème ne sont plus là. Les Apôtres ont trahi et renié avant de s'enfuir. Les femmes, les quatre Marie, sont là. À celles qui ont aimé jusqu'au bout de la nuit, il sera donné d'être les premières à voir le jour de la résurrection.

Marie Madeleine est reconnaissable à sa chevelure rousse, flamboyante et dénouée, signe du libre cours qu'elle laissait au feu de sa sensualité pendant sa vie de pécheresse. Mais précisément, c'est à elle que revient l'honneur de faire du linceul l'écrin du corps qu'elle a baigné de ses pleurs et essuyé de ses cheveux, après l'avoir embaumé par avance. Et voici que le signe de sa licence témoigne désormais de la vraie liberté de son amour, délivré des entraves de la concupiscence. Marie, mère de Jacques le Mineur, soutient la mère de Jésus et se frappe le front dans une attitude romantique qui exprime une désolation qui dépasse la capacité du cœur humain. Marie de Nazareth porte le voile des veuves. La Mère de Dieu, les mains jointes et les yeux clos, contemple en son cœur le mystère des mystères et adore dans le destin de son fils l'accomplissement inconcevable des paroles qui lui furent dites de la part du Seigneur. Son beau visage buriné semble sculpté par ses sept douleurs. Enfin, Marie Salomé, femme de Zébédée, mère de Jacques et de Jean, s'est jetée sur la dépouille mortelle de son Sauveur. Elle a bien tenté de le prendre dans ses bras, essayé de le retenir pour l'empêcher de partir au noir pays de la mort, mais maintenant elle a compris la vanité de sa révolte et elle s'abandonne à l'accomplissement de la volonté de Dieu.

Ces quatre femmes au tombeau illustrent les quatre qualités de l'âme chrétienne dans la contemplation des mystères du Christ : le pur amour, la compassion, la foi et l'abandon.

La Mise au tombeau (1854)
Ary Scheffer
(Dordrecht, 1795 – Argenteuil, 1858)
huile sur bois, 55,4 x 45,6 cm

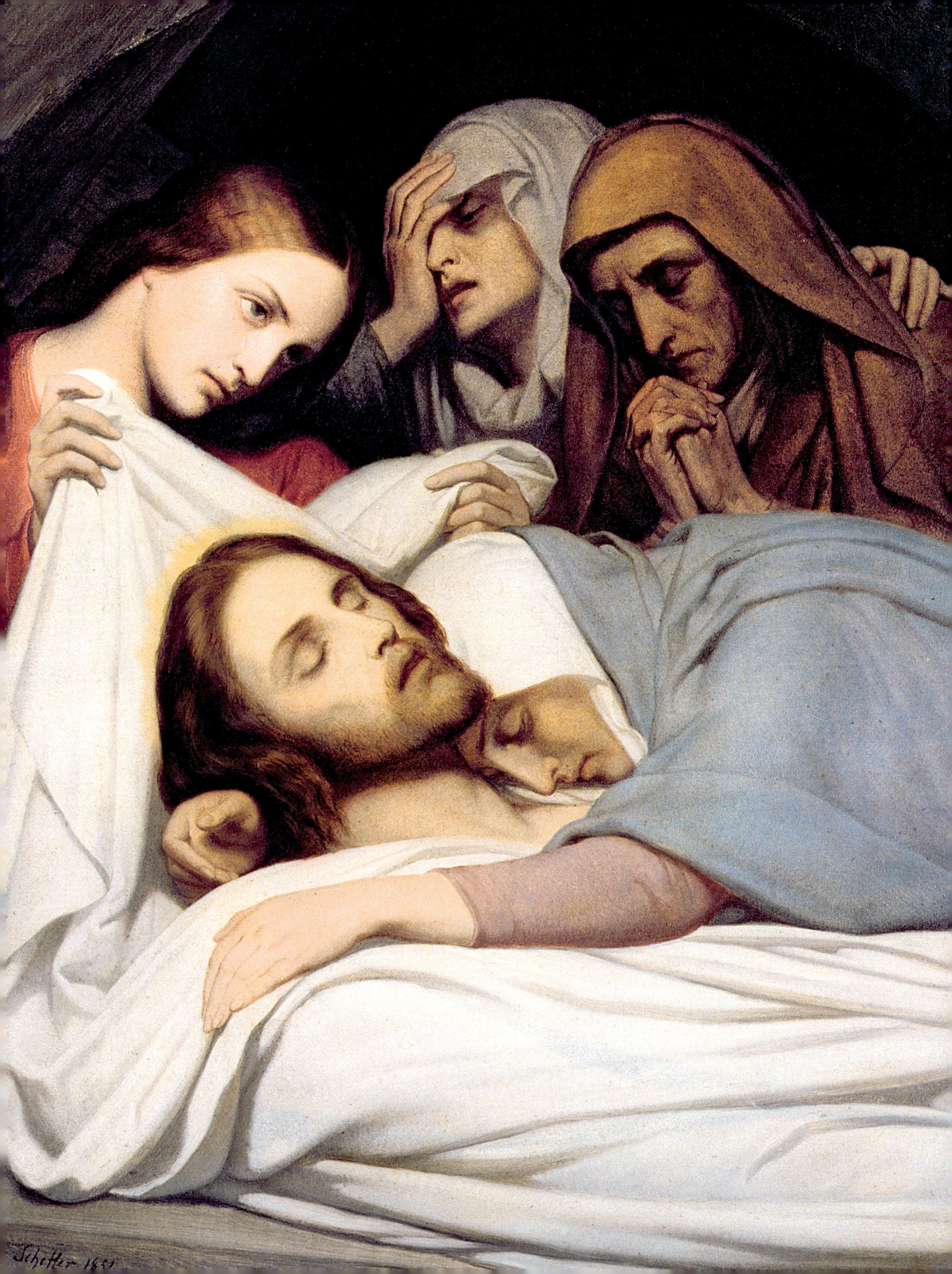
Scheffer 1851

Ô mères qui avez vu mourir le premier et l'unique enfant,
Rappelez-vous cette nuit, la dernière, auprès du petit être gémissant,
L'eau qu'on essaye de faire boire, la glace, le thermomètre,
Et la mort qui vient peu à peu et qu'on ne peut plus méconnaître.
Mettez-lui ses pauvres souliers, changez-le de linge et de brassière.
Quelqu'un vient qui va me le prendre et le mettre dans la terre.
Adieu, mon petit enfant ! adieu, ô chair de ma chair !

Paul Claudel

32

Reflet de la clarté de Dieu
L'étreinte mystique

Tota regis filiae,
opus plenae gratiae,
est ab intus claritas.

Vincit matris titulos
virginisque flosculos,
puris cordis caritas.

Regnat hic mundities,
non turbanda requies,
lux absque nubecula.

Quaqua parte quaerites,
quod momentum pensites,
non est ulla macula.

Nondum sinu clauditur
in amantis geritur
Deus corde melius.

Ante plenam gratia
quot donorum copia
implet matrem filius.

Sibi vilis anima
humilis magnanima
oculis placet Dei.
Amen.

La fille du Roi
est tout œuvre de la grâce,
donc toute limpide.

L'amour en son cœur pur dépasse
et les promesses de sa virginité
et la gloire de sa maternité.

En elle règne la pureté,
la paix que rien ne trouble,
la clarté que rien n'obscurcit ;

où que tu puisses scruter
dans le temps ou dans l'espace,
son cœur est immaculé.

Avant que d'être en son giron
Dieu est déjà porté
dans le cœur de celle qui l'aime.

Le Fils venant en sa mère,
déjà pleine de grâce,
la comble d'une surabondance de dons.

Son âme, bien qu'humaine,
par son humilité et sa générosité,
a su séduire le regard de Dieu.
Amen.

Ce chef-d'œuvre est une enluminure réalisée en Bohême (actuelle République tchèque) au début du XIVe siècle. Il a été inspiré par Maître Eckhart (dont on sait qu'il vécut en Bohême entre 1307 et 1311) et figure l'union de l'âme avec Jésus, union dans laquelle le Dieu vivant et vrai est aimé dans un face-à-face où « tu » et « je » se scrutent mutuellement. L'âme est ainsi conduite à une participation de plus en plus explicite à la vie divine qui est son origine, sa sustentation et sa fin dernière. Cependant, cette étreinte mystique figure aussi une vénérable tradition rapportée par l'évangile selon Gamaliel (apocryphe du Ve s.) : « Au grand matin de Pâques, Jésus ressuscité [ici avec ses stigmates] apparaît premièrement à Marie, sa mère. » En nous représentant cet ineffable cœur à cœur, l'enlumineur nous fait entrevoir le grand mystère de ce que sera la communication d'amour des élus en leurs corps glorieux, quand le Christ sera tout en tous. Pour signifier cette union mystique transformante, sans aliénation de la personnalité de chacun, l'artiste a doté Jésus et Marie de deux auréoles bien distinctes mais sans séparation. Marie porte un voile blanc symbolisant sa chasteté et sa pureté. Son manteau est bleu car l'Immaculée Conception a reçu par anticipation toutes les grâces de l'eau baptismale. Sa robe est verte pour signifier qu'elle est bienheureuse, d'abord parce qu'elle a écouté la parole de Dieu et l'a mise en pratique (cf. Lc 11, 28). Au contraire de Jésus, elle porte des chaussures car elle doit encore poursuivre son pèlerinage sur cette terre. Cependant, elle pose le pied sur celui de son fils car elle voudrait que celui-ci l'enlève avec lui au ciel, ce qu'il réalisera lors de sa bienheureuse Assomption.

L'Étreinte mystique
Chanoine Beres (Prague, XIVe siècle)
enluminure du *Passionnaire de l'abbesse Cunégonde*, 29,5 x 25 cm, parchemin

	sit facta
	is meis
	tat et n
	uerbis
	mater
	depone
	sine dolo
	plange
	pelle fu
	ture qu
	gere San
	exfoliar
	ouem p
	taui qu
	celestia
	tissima
	So sicut
	inferou
	regnu a
	ad patre
	tabus lo
	umba

Elle est l'unique.
Elle est saluée par Gabriel ;
Elle le mérite :
C'est pourquoi Dieu est sur elle.
Il est en elle, Il est autour d'elle ;
Il est son époux, son fils, son père ;
Elle est sa nourrice et sa mère ;
Elle est sa reine, Il est son roi.

Max Jacob

33

Pont qui unit la Terre au Ciel
L'ascension du Christ

Hymnis alta sacris
templa resultent :
vestros, o Superi, iungite cantus ;
coeli dives adest munere Virgo,
extolli modulis digna supernis.

Qualis, Virgo, tibi gloria surgit !
Aeterni soboles diva Parentis :
quidquid grande potest reddere Numen,
Matri Natus amans reddit amanti.

O quam cara Deo, quam Deus ipse
consortem proprii reddit honoris !
In Matrem resilit gloria Nati :
in Natum resilit gloria Matris.

Dum gens sacra tibi laeta superbit,
monstres esse suam te quoque Matrem.
Quo vult te, Genitrix, natus amari,
te mens nostra colat semper amore.

Nunc in sidereis fontibus, hospes,
quae iam sancta bibit gaudia, Mater,
nostris, alme Deus, cordibus infer :
te solum sitiant omne per aevum.
Amen.

Que les hymnes sacrées retentissent
sous les voûtes de nos temples !
Anges, joignez vos accords aux nôtres !
Comblée des grâces d'en haut, la Vierge
est bien digne des chœurs angéliques.

Ô Vierge, d'où provient ta gloire ?
Le Fils de l'Éternel est ton enfant :
tout ce qu'il peut conférer de gloire,
le fils aimant le donne à sa mère aimante.

Combien elle est chère à Dieu,
celle que Dieu associe à sa propre gloire !
La gloire du fils rejaillit sur la mère,
et la gloire de la mère rejaillit sur le fils.

Nous voici, fiers de t'être consacrés :
montre que tu es notre Mère ;
et l'amour, Mère, dont le fils veut être aimé,
que notre esprit t'en honore toujours.

Maintenant, Mère, que tu puises aux
sources du ciel la joie sainte que tu bois,
grand Dieu, répands-la dans nos cœurs :
qu'à jamais ils n'aient soif que de toi.
Amen.

Dans ce retable du XVᵉ siècle, le traitement magnifique des étoffes et des fonds d'or permet de résoudre une question historique: son auteur, Jaume Ferrer II, peintre à Lleida, en Catalogne, est bien la même personne que son célèbre contemporain homonyme, maître de l'atelier spécialisé dans le dessin et la confection du *pannus aureus*, le célèbre « drap d'or ». Ce tissu somptueux était un brocart damassé de fils d'or, utilisé aussi bien pour les vêtements de sacre des rois que pour recouvrir leur sépulture. Il était aussi utilisé pour célébrer le roi des rois dans la liturgie, notamment pour recouvrir les autels. Dans ce cas, les pigments utilisés pour la teinture étaient dilués à l'eau bénite.

Voici donc Marie et les onze Apôtres contemplant l'ascension du Seigneur. Sur la montagne sainte, l'empreinte de ses pas révèle qu'il demeure mystérieusement présent à nos vies. Marie est parée d'un voile blanc et d'un manteau noir: veuve, elle porte de surcroît le deuil de son fils. Cependant, la doublure d'or pur atteste que l'intime de son cœur immaculé est nimbé de la lumière de la résurrection. Face à elle, Jean porte la couleur de la *rosa mystica*, symbole de la plus haute étape de l'élévation spirituelle. Derrière Marie, Jacques est curieusement vêtu d'un « drap d'or ». En représentant ainsi son saint patron, le peintre atteste qu'il ne fait qu'un avec le célèbre tisseur, d'autant qu'à droite, Pierre porte, sous le manteau de pourpre du chef de l'Église, la bure des frères mineurs. C'est un hommage direct au maître et compagnon de Jaume Ferrer, Pere Teixidor, membre du tiers ordre franciscain, attaché au couvent Saint-François de Montblanc. En réalité, les deux peintres ont coproduit cette œuvre et s'y sont portraiturés l'un l'autre, sous la figure de leur saint patron respectif.

L'Ascension du Christ (1432–1434)
Jaume Ferrer II
(Lleida, actif entre 1430 et 1470)
retable de Santa Maria de Verdú
159 x 93 cm

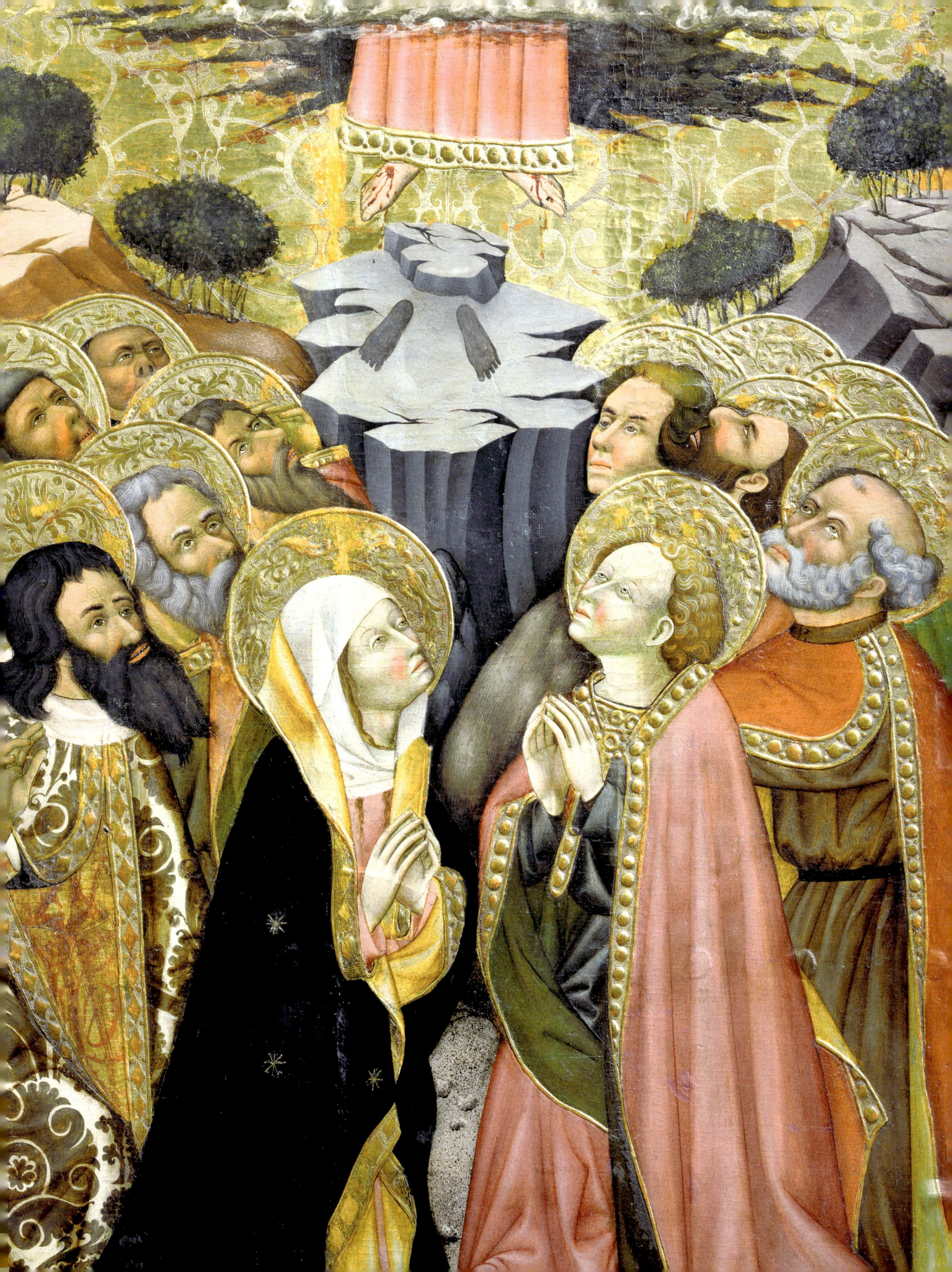

Il fallait que la Vierge fût associée au Fils en tout ce qui regarde notre salut. De même qu'elle lui fit partager sa chair et son sang et qu'elle fut, en retour, gratifiée de ses bienfaits, de même elle eut part à toutes ses souffrances et à toutes ses peines. Il fut attaché à la croix et eut le côté percé par la lance. Elle eut le cœur transpercé par une épée, comme le divin Syméon l'avait annoncé.

La première, elle fut rendue conforme à la mort du Sauveur par une mort semblable à la sienne. C'est pourquoi, avant tous les autres, elle eut part à la résurrection. En effet, après que le Fils eut brisé la tyrannie de l'enfer, elle eut le bonheur de le voir ressuscité et de recevoir sa salutation, et elle l'accompagna autant qu'elle le put, jusqu'à son départ vers le ciel. Après son ascension, elle prit la place que le Sauveur avait laissée libre parmi ses Apôtres et ses autres disciples, ajoutant ainsi aux bienfaits que Dieu avait dispensés à l'humanité celui de compléter ce qui manquait au Christ (cf. Col 1, 24), beaucoup mieux que quiconque. Cela ne convenait-il pas à sa mère plus qu'à tout autre ?

Mais il fallait que cette âme très sainte se détachât de ce corps très sacré. Elle l'a quitté et s'est unie à l'âme du Fils, elle, une lumière créée, à la lumière primordiale. Et son corps, après être resté quelque temps sur la terre, a été lui aussi emporté au ciel.

SAINT NICOLAS CABASILAS

34

Flambeau qui porte la Lumière véritable
La Pentecôte

Veni, sancte spiritus,
et emitte caelitus
lucis tuae radium.
Veni, pater pauperum,
veni, dator munerum,
veni, lumen cordium.
Consolator optime,
dulcis hospes animae,
dulce refrigerium.
In labore requies,
in aestu temperies
in fletu solacium.
O lux beatissima,
reple cordis intima
tuorum fidelium
Sine tuo numine,
nihil est in homine,
nihil est innoxium.
Lava quod est sordidum,
riga quod est aridum,
sana quod est saucium.
Flecte quod est rigidum,
fove quod est frigidum,
rege quod est devium.
Da tuis fidelibus,
in te confidentibus,
sacrum septenarium.
Da virtutis meritum,
da salutis exitum,
da perenne gaudium. Amen.

Viens, Esprit Saint, en nos cœurs
et envoie du haut du ciel
un rayon de ta lumière.
Viens en nous, père des pauvres,
viens, dispensateur des dons,
viens, lumière de nos cœurs.
Consolateur souverain,
hôte très doux de nos âmes,
adoucissante fraîcheur.
Dans le labeur, le repos ;
dans la fièvre, la fraîcheur ;
dans les pleurs, le réconfort.
Ô lumière bienheureuse,
viens remplir jusqu'à l'intime
le cœur de tous tes fidèles.
Sans ta puissance divine,
il n'est rien en aucun homme,
rien qui ne soit perverti.
Lave ce qui est souillé,
baigne ce qui est aride,
guéris ce qui est blessé.
Assouplis ce qui est raide,
réchauffe ce qui est froid,
rends droit ce qui est faussé.
À tous ceux qui ont la foi
et qui en toi se confient
donne tes sept dons sacrés.
Donne mérite et vertu,
donne le salut final,
donne la joie éternelle. Amen.

Cette miniature d'un livre d'Heures illustre la fin des heures du Saint-Esprit. Au début du manuscrit figure ce prologue : « En ces présentes Heures est annoncé en bref l'Ancien Testament et aussi le Nouveau ; et sur le calendrier est notée, en vue du salut de l'âme de chacun, la forme et manière de vivre en ce monde, pendant le peu de temps que Dieu nous prête pour grandir en bien et en vertus. » C'était là, déjà, le programme qui est devenu celui de notre livre d'Heures périodique, notre MAGNIFICAT : à toute heure du jour, inspirer notre prière avec la parole de Dieu ; et nous accompagner spirituellement au long de notre pèlerinage en ce monde, afin que chaque jour nous grandissions dans l'imitation de Jésus-Christ.

Sur cette représentation de la venue de l'Esprit Saint sur les disciples, la très sainte Vierge Marie, vêtue de l'habit des veuves, est au centre : Mère de Dieu, elle est aussi Mère de l'Église. En prière, elle intercède pour sa « fille » au moment de sa naissance à la Pentecôte. Et elle ne cessera de la porter dans son intercession, jusqu'à la fin des temps. À droite, au premier plan, à genoux, on reconnaît saint Pierre. Premier pape, il porte la mozette tissée de fil d'or. En face de lui, en beau jeune homme blond roux, se tient saint Jean. Au deuxième plan, entre Marie et Pierre, saint Jacques se tient debout. On le reconnaît à sa mozette d'hermine, signe de l'épiscopat : il fut le premier évêque de l'Église, au siège de Jérusalem. D'une manière surprenante, tous les personnages sont vêtus de blanc. C'est que, à la Pentecôte, les Apôtres ont en quelque sorte traversé leur baptême. Comme des catéchumènes, ils ont été dépouillés de leurs vieilles hardes pour recevoir le vêtement blanc. Par ce dépouillement et ce revêtement, l'artiste veut exprimer un changement radical de fonction et de vocation : la remise de l'uniforme immaculé est une investiture royale, sacerdotale et prophétique. Mais plus encore, le miniaturiste représente une assemblée du cénacle où tous portent le vêtement d'*une blancheur éclatante* (Lc 9, 29) qu'a revêtu Jésus à la Transfiguration. S'inspirant de l'évangéliste qui conclut : *Ils virent la gloire de Jésus* (Lc 9, 32), l'artiste nous donne à voir la gloire de l'Église. Il rend ainsi compte et de son origine divine et de son accomplissement comme Corps du Christ.

La Pentecôte (v. 1500)
école française
enluminure tirée des *Heures à l'usage de Rome*, 17,6 x 11,3 cm

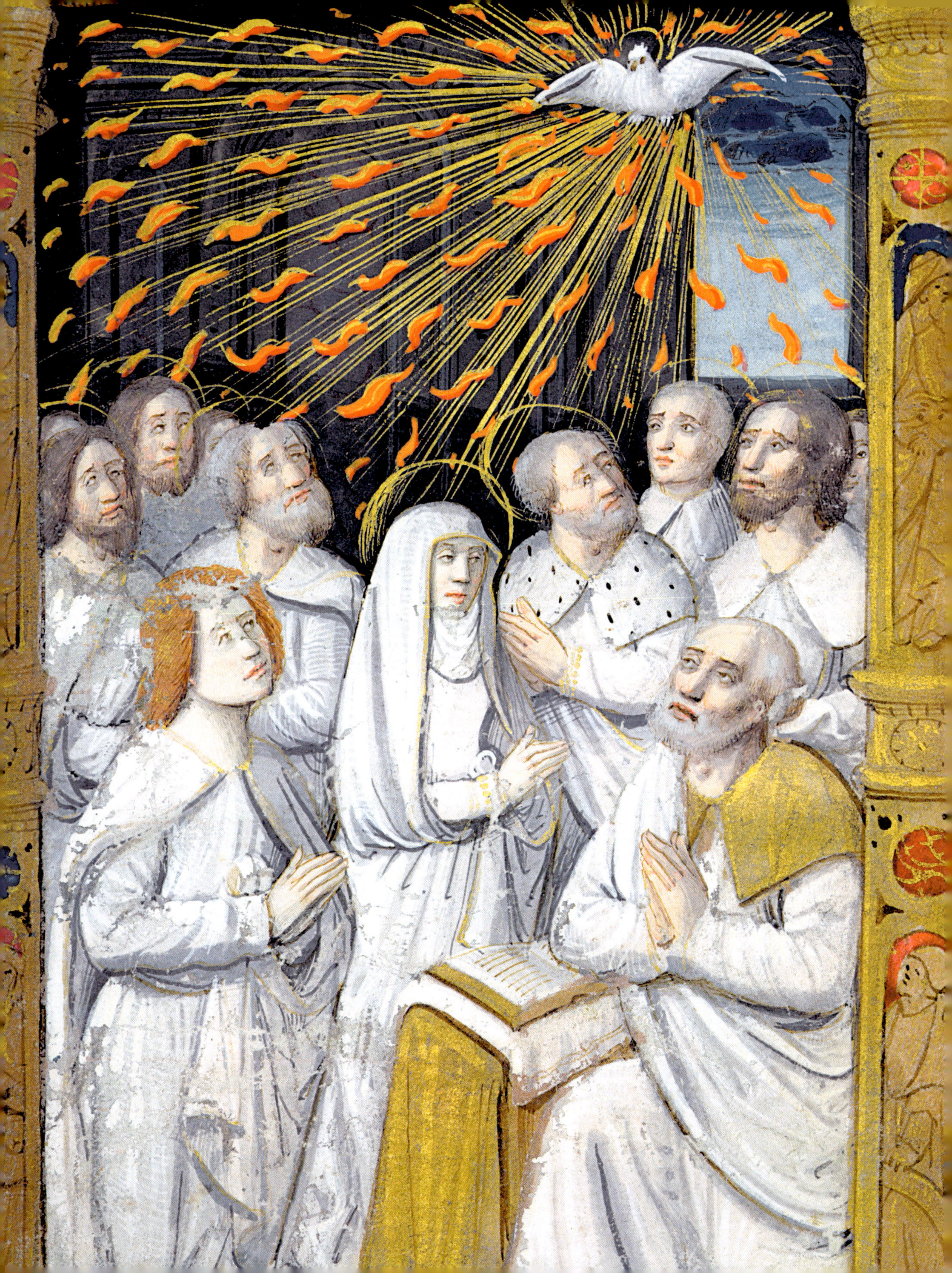

Vierge et Mère de Dieu,
toi qui es restée ferme près de la Croix
avec une Foi inébranlable,
toi qui as reçu la joyeuse consolation de la résurrection,
tu as réuni les disciples dans l'attente de l'Esprit
afin que naisse l'Église évangélisatrice.
Obtiens-nous maintenant une nouvelle ardeur de ressuscités
pour porter à tous l'Évangile de la vie qui triomphe de la mort.
Donne-nous la sainte audace de chercher de nouvelles voies
pour que parvienne à tous
le don de la beauté qui ne se ternit pas !

Pape François

35

Jeune pousse au bourgeon immortel
La Dormition

Sainte Marie,
Sainte Mère de Dieu,
Sainte Vierge des vierges,
Mère du Christ,
Mère de l'Église,
Mère de la divine grâce,
Mère très pure,
Mère très chaste,
Mère toujours vierge,
Mère sans tache,
Mère aimable,
Mère admirable,
Mère du bon conseil,
Mère du Créateur,
Mère du Sauveur,
Vierge très prudente,
Vierge vénérable,
Vierge digne de louanges,
Vierge puissante,
Vierge clémente,
Vierge fidèle,
Miroir de justice,
Siège de la Sagesse,
Cause de notre joie,
Vase spirituel,
Vase honorable,
Vase insigne de la dévotion,
Rose mystique,
Tour de David,
Tour d'ivoire,
Maison d'or,
Arche d'alliance,
Porte du ciel,
Étoile du matin,
Salut des infirmes,
Refuge des pécheurs,
Consolatrice des affligés,
Secours des chrétiens,
Reine des anges,
Reine des patriarches,
Reine des prophètes,
Reine des Apôtres,
Reine des martyrs,
Reine des confesseurs,
Reine des vierges,
Reine de tous les saints,
Reine conçue sans le péché originel,
Reine élevée au ciel,
Reine du très saint rosaire,
Reine des familles,
Reine de la paix,

Priez pour nous !

Elle est toute fine sous le lourd brocard bleu, comme la tige du lis qui fleurit au pied de sa dernière nuit. Légèrement repliée, comme ces fleurs aux pétales fragiles qui se referment à la tombée du jour. Tout est accompli. Elle lui a donné vie, l'a mis au monde sur la terre des hommes pour qu'il l'illumine à jamais. Elle l'a vu jeune pousse, arbre déployé, chêne abattu. On le lui a pris. On le lui a rendu. Mort. Et elle l'a vu de nouveau, cette chair de sa chair, ressuscitée, glorieuse. Qui d'autre qu'elle pouvait légitimement l'appeler « mon Jésus » ? Elle va le rejoindre enfin, prendre sa place dans les hauteurs de joie où le soleil de l'espérance ne se couche pas.

Lors donc, il faut « passer » de la terre. L'artiste, Conrad von Soest, avait initialement placé tous les disciples autour de Marie mais finalement, un seul se détache, *le disciple que Jésus aimait*, son « second fils », désigné comme tel par le Christ du haut de l'oblique vertigineux de la croix (Jn 19, 26). D'une main il tient le cierge pascal, de l'autre il échange, main contre main, majeur contre majeur, une forme d'à-Dieu mystique. Et c'est dans ce geste que le passage de la mort s'accomplit : quand la main gauche est encore délicate et fraîche comme celle de la jeune fille qui accueillit l'ange Gabriel, la droite bleuit déjà à l'ombre de la mort.

Le ciel vient à sa rencontre, trois anges lui font un manteau de prière et trois autres lui rendent les derniers hommages. L'un cueille son âme à l'orée de la bouche, l'autre ferme doucement ses paupières de ses mains minuscules, le dernier, dans un geste étonnamment familier, soulève son voile et touche sa chevelure solaire et juvénile. Comme un enfant aime à toucher les cheveux de sa mère. Car c'est la mère de toute l'humanité qui s'éteint dans le panneau central de ce retable du XVe siècle. La Mère de Dieu se meurt, notre mère va être enlevée au plus haut des cieux. De là, avec la même douceur que la caresse de l'ange sur ses cheveux, elle ne cesse de se pencher pour venir habiter notre humble prière quotidienne et nous aider à mieux aimer son enfant, plus que jamais adorable.

La Dormition de la Vierge (1420)
Conrad von Soest
(Dortmund, v. 1370 – Dortmund, 1422)
panneau central du *Marienaltar*
huile sur bois, 141 x 110 cm

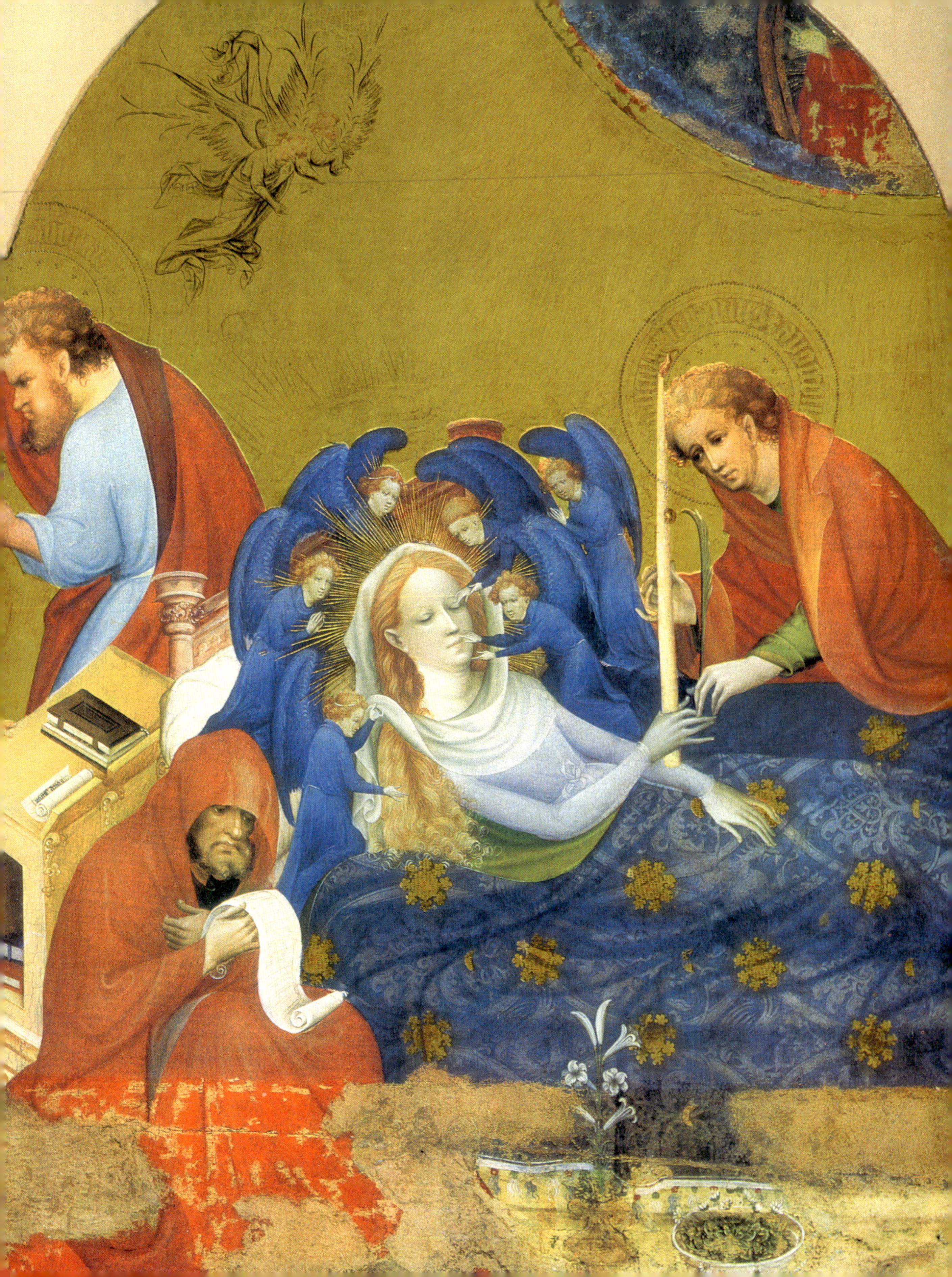

Il fallait que le corps de Marie emprunte tous les chemins que le Sauveur avait parcourus, qu'il resplendisse pour les vivants et les morts, qu'il sanctifie en toutes choses la nature et qu'il reçoive ensuite la place qui lui convenait. Le tombeau l'a donc abrité quelque temps, puis le ciel a recueilli cette terre nouvelle, ce corps spirituel, ce trésor de notre vie, plus digne que les anges, plus saint que les archanges. Et le trône fut rendu au roi, le paradis à l'arbre de vie, le monde à la lumière, l'arbre à son fruit, la Mère au Fils : elle en était parfaitement digne puisqu'elle l'avait engendré. Qui, ô bienheureuse, trouvera les mots capables d'égaler ta justice et les bienfaits que tu as reçus du Seigneur, et ceux que tu as prodigués à toute l'humanité ? Quand bien même, comme dirait saint Paul, il parlerait *les langues des hommes et des anges* (1 Co 13, 1). Je pense que c'est aussi une part du bonheur éternel réservé aux justes que de connaître tes privilèges et de les publier aussi bien que tu le mérites. Tes merveilles ne peuvent resplendir que dans ce théâtre, ce ciel nouveau et cette terre nouvelle (cf. Ap 21, 1) où luit le Soleil de justice, que les ténèbres ne suivent ni ne précèdent. Tes merveilles, le Seigneur lui-même les proclame tandis que les anges applaudissent.

Saint Nicolas Cabasilas

36

LES SEPT PERFECTIONS DE MARIE
Marie entourée par les anges

Ave, regina caelorum
ave, Domina angelorum,
salve, radix, salve, porta
ex qua mundo lux est orta.
Gaude, Virgo gloriosa,
super omnes speciosa ;
vale, o valde decora
et pro nobis Christum exora.

Dignare me laudare te, Virgo sacrata.
Da mihi virtutem contra hostes tuos.

Concede, misericors Deus,
fragilitati nostrae praesidium :
ut, qui sanctae Dei Genitricis
memoriam agimus ;
intercessionis eius auxilio,
a nostris iniquitatibus resurgamus.
Per eundem Christum Dominum nostrum.
Amen.

Salut, Reine des cieux !
Salut, Reine des anges !
Salut, Tige féconde ! Salut, Porte du Ciel !
Par toi la lumière s'est levée sur le monde.
Réjouis-toi, Vierge glorieuse,
belle entre toutes les femmes !
Salut, Splendeur radieuse,
implore le Christ pour nous.

Rends-moi digne de te louer, Vierge sainte.
Donne-moi la force contre tes ennemis.

Dieu de miséricorde,
viens au secours de notre faiblesse ;
fais qu'en évoquant la mémoire
de la sainte Mère de Dieu,
nous puissions compter sur l'efficacité
de son intercession pour nous relever de nos péchés.
Par le même Christ notre Seigneur.
Amen.

Cette enluminure provient d'un livre d'Heures brugeois du XVe siècle. Élevée par sept anges dont le nombre est un hommage à ses perfections, Marie s'apprête à entrer dans la cité de Dieu. Sur son passage vers le plus haut des cieux, les myriades de palmes qui saluèrent l'entrée triomphale de Jésus à Jérusalem lui rendent hommage. Sur sa tête, précédant sa couronne de Reine des cieux, un diadème de perles fines rayonne en significations. Chaque perle symbolise les larmes versées par Notre Dame des Sept Douleurs. Mais ce diadème évoque aussi la porte du ciel et, par elle, notre entrée dans la Jérusalem nouvelle, dont *les douze portes sont douze perles, chaque porte faite d'une seule perle* (Ap 21, 21). Enfin, les perles fines figurent les grâces dont fut comblée l'Étoile du matin, celle qui dès l'aurore du monde fut bénie entre toutes les femmes : sa beauté parfaite et pure, son amour transparent et, par-dessus tout, sa lumineuse humilité. C'est pourquoi l'artiste représente Marie en sa glorieuse Assomption telle qu'en sa Visitation : toute jeunette, toute discrète, tout humble et tout émerveillée.

Voici donc notre petite sœur, Marie de Nazareth, accueillie bienheureuse dans le sein de Dieu. Elle a partagé nos joies et nos tendresses, nos pleurs et nos malheurs. Du plus haut de sa gloire, elle ne nous oublie pas. Ce n'est pas en vain que Dieu nous a confiés à elle comme à notre maman chérie. Et si l'artiste la représente montant au ciel les mains jointes, c'est bien parce qu'elle veut passer son éternité à prier pour nous le Seigneur notre Dieu ! Alors, ayons confiance, car comme le pensait Péguy, celle qui est infiniment touchante peut être infiniment touchée. Et toute jeune fille qu'elle soit, elle est la seule qui puisse parler à Dieu avec l'autorité d'une mère.

L'Assomption de la Vierge
école du Nord (Bruges, fin du XVe siècle)
enluminure sur vélin, 34 x 30 cm

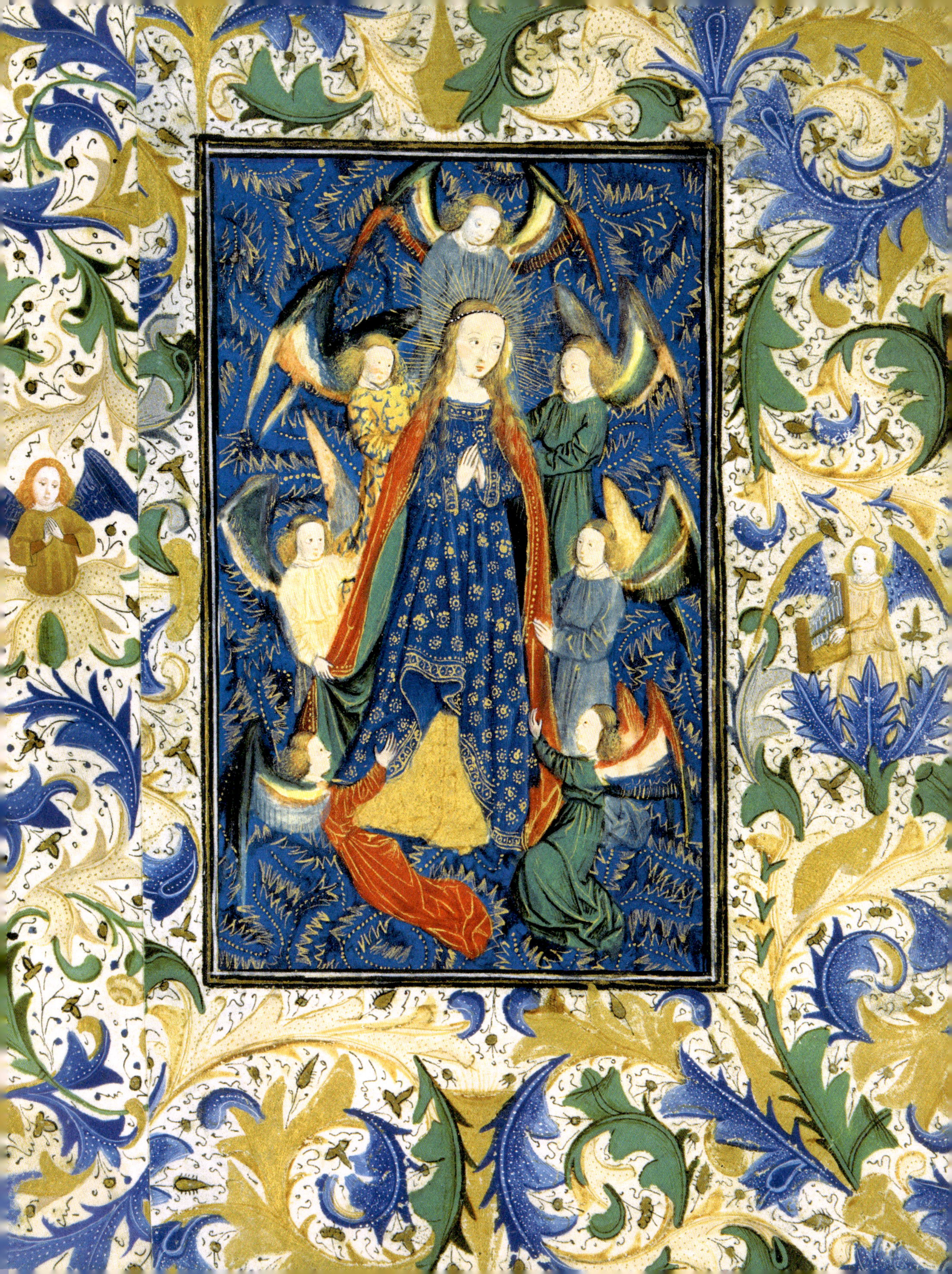

À celle qui est infiniment riche.
Parce qu'aussi elle est infiniment pauvre.

À celle qui est infiniment haute.
Parce qu'aussi elle est infiniment descendante.

À celle qui est infiniment grande.
Parce qu'aussi elle est infiniment petite.
Infiniment humble.
Une jeune mère.

À celle qui est infiniment jeune.
Parce qu'aussi elle est infiniment mère.

À celle qui est infiniment droite.
Parce qu'aussi elle est infiniment penchée.

À celle qui est infiniment joyeuse.
Parce qu'aussi elle est infiniment douloureuse.
Septante et sept fois septante douloureuse.

À celle qui est infiniment touchante.
Parce qu'aussi elle est infiniment touchée.

À celle qui est toute Grandeur et toute Foi.
Parce qu'aussi elle est toute Charité.

À celle qui est toute Foi et toute Charité.
Parce qu'aussi elle est toute Espérance.

CHARLES PÉGUY

37

PORTE DU SALUT
L'Assomption

Solis, o Virgo, radiis amicta,
bis caput senis redimita stellis,
luna cui praebet pedibus scabellum
inclita fulges.

Mortis, inferni domitrixque culpae,
assides Christo studiosa nostri,
teque reginam celebrat potentem
terra polusque.

Asseclas diae fidei tuere,
transfugas adduc ad ovile sacrum,
quas diu gentes tegit umbra mortis
undique coge.

Sontibus mitis veniam precare,
adiuva flentes, inopes et aegros,
spes mica cunctis per acuta vitae
certa salutis.

Laus sit excelsae Triadi perennis,
quae tibi, Virgo, tribuit coronam,
atque reginam statuitque nostram
provida matrem.
Amen.

Ô Vierge, revêtue de soleil,
la tête couronnée de douze étoiles,
la lune te servant de marchepied,
tu resplendis dans la gloire.

Victorieuse de la mort et de l'enfer,
tu trônes près du Christ, veillant sur nous.
En toi, la terre et les cieux célèbrent
la puissance de leur Reine.

Protège les fidèles croyants,
ramène les égarés au saint bercail,
rassemble les nations si longtemps demeurées
sous l'ombre de la mort.

Implore le pardon pour les coupables,
aide les affligés, les pauvres et les malades,
brille à travers les écueils de la vie,
comme l'espérance du salut.

Louange éternelle à la très haute Trinité
qui te couronne, ô Vierge, et qui,
à jamais, t'a instituée dans sa providence
notre Reine aussi bien que notre Mère.
Amen.

Le style baroque est né au milieu du XVIe siècle. Comme un soleil, il a illuminé les arts, jusqu'à ce qu'au XVIIIe siècle, il ne meure comme meurent les étoiles, en une explosion de chefs-d'œuvre. Ceux qui voudraient que rien ne soit possible au-delà des médiocrités dont ils sont capables ont péjorativement donné le nom de rococo à cette ultime et sublime manifestation d'un art qui s'était donné pour mission d'inventer le Paradis. Tiepolo a été le plus grand génie de ce mouvement et son œuvre constitue un sommet absolu de la peinture. Autorisant toutes les audaces à son imagination débridée, il éleva son art à une telle perfection qu'il va jusqu'à réussir à nous faire croire que l'impossible est possible aux hommes, cependant que son goût raffiné lui fait transcender en suprême élégance ce qui chez n'importe qui d'autre ne serait qu'affectation et outrance.

En 1759, Tiepolo a peint à fresque cette Assomption. Admirez la sophistication harmonieuse de la composition réalisée par ce metteur en scène virtuose. Découvrez l'art de la création du mouvement ascendant, par le dessin des gestes, des attitudes et des drapés. Voyez comment la pastelisation systématique des couleurs ouvre la perspective à la transparence et prodigue à la scène une lumière toute paradisiaque. Remarquez comment les ombres elles-mêmes sont radieuses et donnent à l'œuvre sa fastueuse somptuosité. Laissez-vous happer par l'espace céleste qui ouvre sur un monde invisible peuplé d'angelots. Rendez grâce à Dieu pour l'admirable créature qu'il se choisit et nous donna pour mère. Que tu es belle, ô Marie, vêtue d'une irradiante blancheur de Transfiguration, et enveloppée du bleu manteau de l'eau baptismale où tu es comme plongée depuis ta conception. Tes bras accueillants prolongent tes mains ouvertes : comblée de grâce qui portas ton Dieu, te voilà portée en son sein. Par ton visage pulchral qui se pare d'une noble gravité, tu nous révèles un peu de l'infinie majesté du Dieu-Amour que déjà tes yeux contemplent.

L'Assomption de la Vierge (1759)
Giovanni Battista Tiepolo
(Venise, 1696 – Madrid, 1770)
fresque, oratoire de la Pureté, Udine, Italie

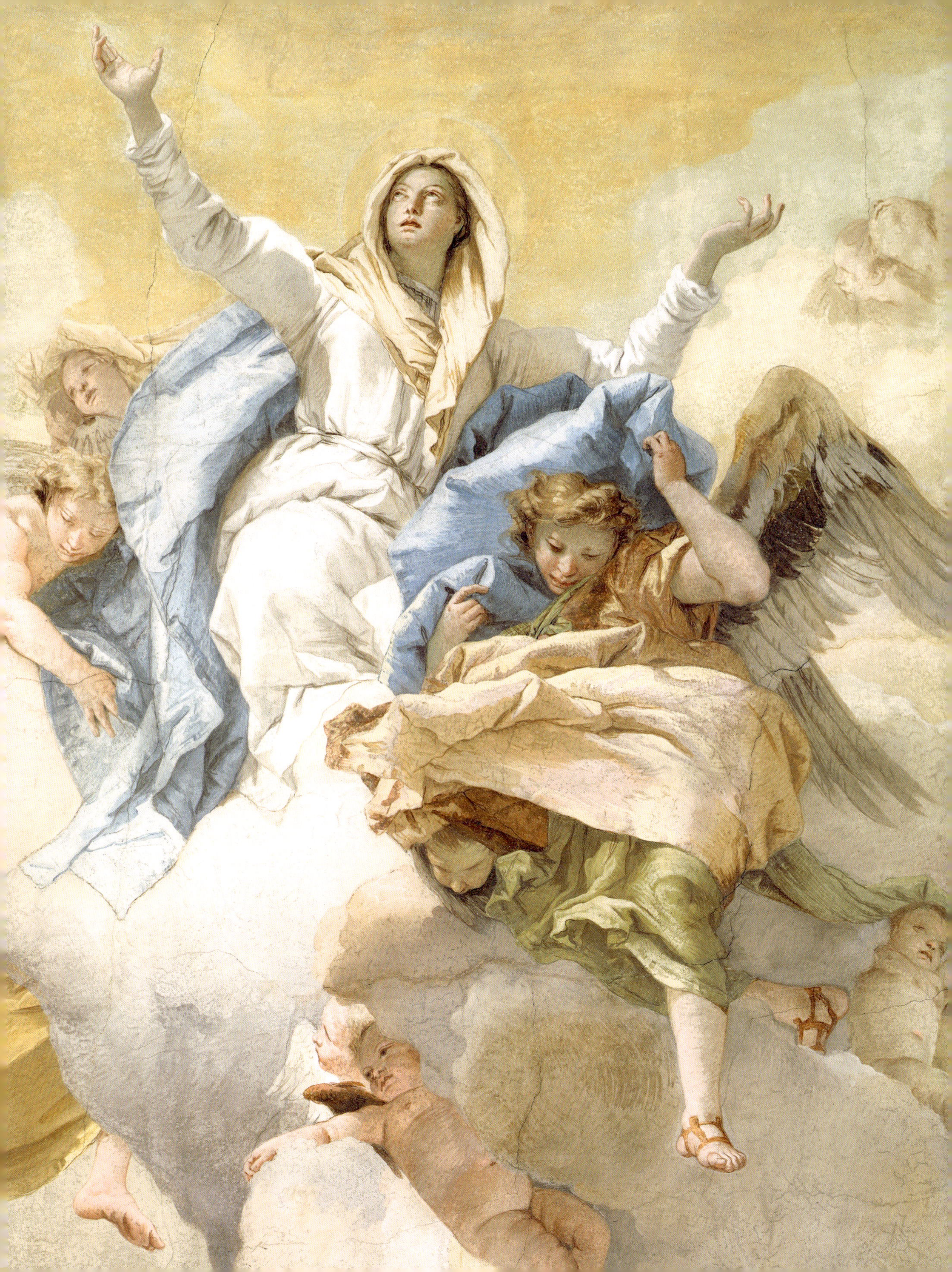

N'est-elle point la femme revêtue de soleil, puisqu'elle a pénétré les abîmes de la divine sagesse à une profondeur presque incroyable, et nous apparaît comme immergée dans l'inaccessible lumière, autant qu'il est possible à une créature sans l'union hypostatique ? Ce feu qui purifie les lèvres du prophète, ce feu qui embrase les Séraphins, c'est ce feu même dont Marie est revêtue : il ne l'a point touchée, ni effleurée seulement, il l'a entièrement recouverte ; elle y a été plongée et comme absorbée. Ô manteau de la Vierge, vêtement de lumière et de chaleur ! Elle est si pénétrée de ses rayons qu'on ne peut en elle imaginer la plus petite ombre ou la moindre tiédeur : tout est ardent.

Femme vêtue de soleil ! Oui, vêtue de lumière comme d'un manteau. L'homme attaché à la matière ne comprend guère : c'est du spirituel, il n'y voit que folie ! Mais l'Apôtre comprenait, lui qui disait : *Revêtez-vous de notre Seigneur Jésus-Christ* (Rm 13, 14) car ce Soleil, c'est le Christ.

Saint Bernard

Reine du ciel, Régente de la Terre
Le couronnement de la Vierge

Gaudium mundi, nova stella caeli,
procreans solem, pariens parentem,
da manum lapsis,
fer opem caducis,
Virgo Maria.

Te Deo factam liquet esse scalam
qua tenens summa petit Altus ima ;
nos ad excelsi remeare caeli
culmina dona.

Te beatorum chorus angelorum,
te prophetarum et apostolorum
ordo praelatam sibi cernit unam
post Deitatem.

Laus sit excelsae Triadi perennis,
quae tibi, Virgo, tribuit coronam,
atque reginam statuitque nostram
provida matrem.
Amen.

Joie de l'univers, nouvelle étoile du ciel,
qui procrées le Créateur et enfantes le soleil,
tends la main à ceux qui sont tombés,
viens en aide à ceux qui chancellent,
Vierge Marie !

Toi l'échelle dressée par Dieu,
par où le Très-Haut, sans quitter les cieux,
rejoint notre bassesse :
fais-nous regagner les sommets du ciel.

En toi le chœur des anges bienheureux,
en toi l'ordre des Prophètes et des Apôtres
contemplent leur unique souveraine
après Dieu.

Louange éternelle à la très haute Trinité,
qui t'a couronnée, ô Vierge,
et a fait de toi, dans sa Providence,
notre Reine et notre Mère.
Amen.

Ridolfo Ghirlandaio fut longtemps l'ami de Raphaël avec lequel il fut formé à Florence. Dans leurs œuvres de jeunesse, ils se plurent à mêler leurs pinceaux comme pour mieux sceller leur indéfectible amitié. Quand Raphaël triompha à Rome, il supplia son ami de venir le rejoindre pour partager sa gloire. Mais Ridolfo ne craignait rien tant que de perdre son âme à la cour tumultueuse des papes de la Renaissance. Il préféra la paisible vie familiale dans l'humble service de son art et des siens. Il eut quinze enfants et, au dire de ses contemporains, sema le bonheur autour de lui.

C'est un reflet de la belle âme de cet artiste que l'on peut retrouver dans cette œuvre. Sur la nuée qui révèle la présence divine, la Vierge Marie est couronnée par son Fils, roi d'éternelle gloire. Contrairement à la représentation traditionnelle, la scène n'a pas lieu au Paradis, mais devant la porte qui ouvre sur l'au-delà de tout. Cette porte est un soleil de lumière serti dans un disque aux couleurs des « sept cieux » qui forment le marchepied du trône divin. Nul pécheur ne peut la franchir sans passer par le baptême de la mort. Mais l'artiste nous donne déjà d'entrer au plus intime du mystère en contemplant l'attitude sublime d'humilité de la Vierge Marie. Elle se tient à genoux, mains jointes, revêtue d'un manteau bleu, couleur des eaux du baptême, qui, tout en symbolisant son immaculée conception, rappelle qu'elle est fille d'Ève. Or ce manteau dissimule presque totalement sa glorieuse robe, parure des œuvres inouïes que l'Esprit Saint a accomplies en elle. Comment mieux signifier que l'humilité n'est pas abolie par le triomphe des bienheureux mais accomplie ?

Ô l'admirable visage de Marie, baigné de la même lumière, habité de la même expression qu'au moment de l'Annonciation ! Oui, c'est bien la même jeune fille, tout humble, toute petite servante de la volonté de Dieu, qui a reçu la salutation de l'ange et qui aujourd'hui est couronnée Reine des anges !

Ô Satan, monstre d'orgueil, où est ta victoire ?

Le Couronnement de la Vierge avec six saints (1504, détail)
Ridolfo Ghirlandaio
(Florence, 1483 – Florence, 1561)
huile sur bois, 276 x 192 cm

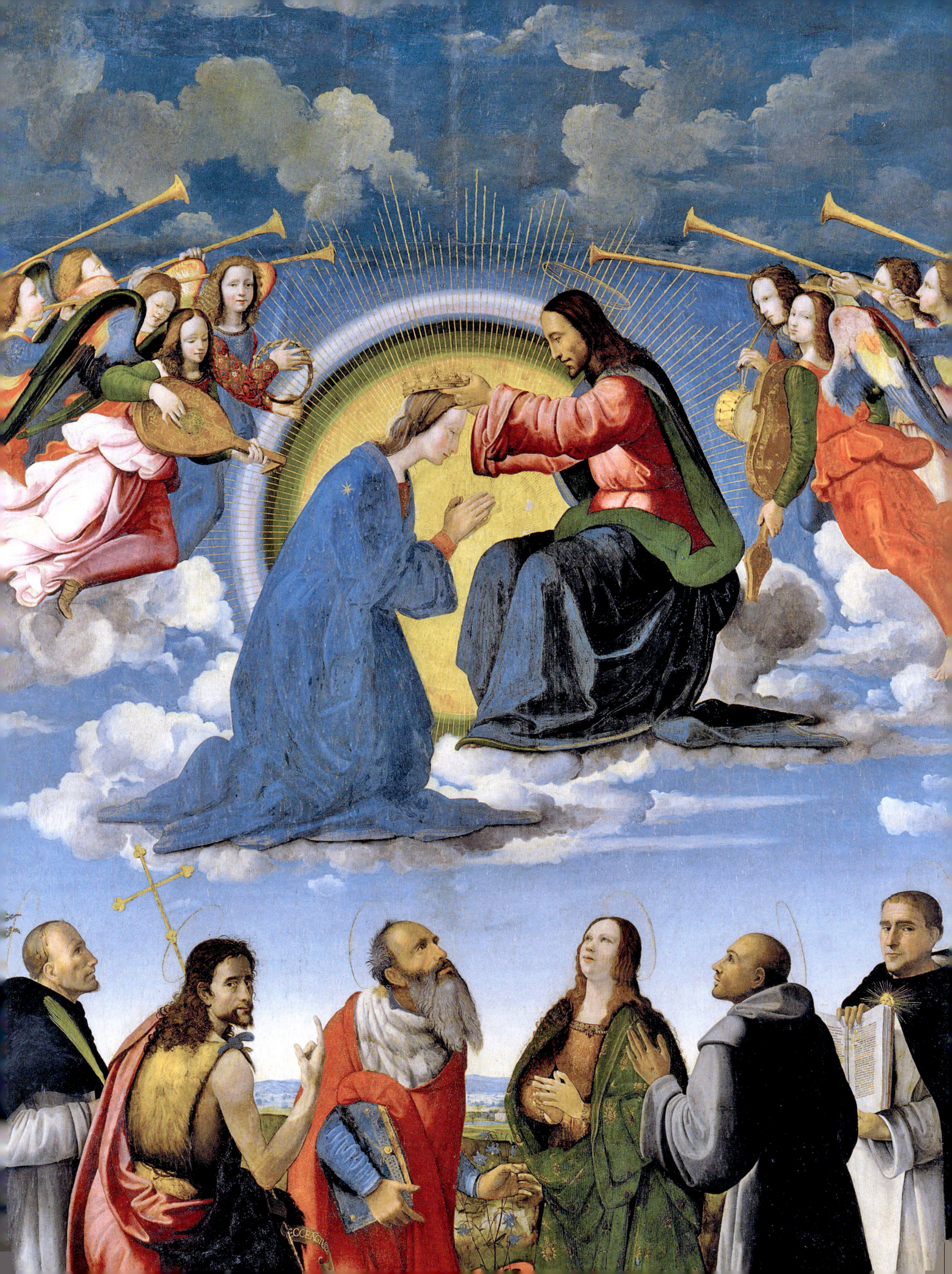

Moi qui suis la plus petite, dit Marie, je suis assise sur un trône spacieux ; et ni le soleil, ni la lune, ni les étoiles, ni même la nuée, ne sont au-dessus de moi, mais seulement l'admirable sérénité de la lumière procédant de la pure beauté de la majesté divine.

Et au-dessous de moi, il n'y a ni terre ni pierres mais le repos incomparable dans la force de Dieu.

À mes côtés, ni mur ni paroi, mais l'armée glorieuse des anges et des âmes saintes.

Sainte Brigitte de Suède

39

Secours des Chrétiens
Marie en prière

Ave maris stella,
Dei Mater alma,
atque semper virgo,
felix caeli porta.
Sumens illud Ave
Gabrielis ore,
funda nos in pace,
mutans Evae nomen.
Solve, vincla reis,
profer lumen caecis,
Mala nostra pelle,
bona cuncta posce.
Monstra te esse matrem.
Sumat per te preces,
qui pro nobis natus
tulit esse tuus.
Virgo singularis,
inter omnes mitis,
nos culpis solutos,
mites fac et castos.
Vitam praesta puram
iter para tutum,
ut videntes Iesum,
semper collaetemur.
Sit laus Deo Patri,
summo Christo decus.
Spiritui Sancto,
tribus honor unus.
Amen.

Salut, étoile des mers,
auguste Mère de Dieu,
ô toujours Vierge,
heureuse porte du Ciel.
Toi qui as agréé le salut
de la bouche de Gabriel,
daigne en changeant le nom d'Ève
nous établir dans la paix.
Délivre les captifs,
éclaire les aveugles,
chasse loin tous nos maux,
demande pour nous tous les biens.
Montre que tu es notre Mère,
et que par toi reçoive nos prières
Celui qui, né pour nous,
a bien voulu être ton Fils.
Ô Vierge incomparable,
douce entre toutes,
obtiens-nous, avec le pardon de nos fautes,
la douceur et la chasteté.
Obtiens-nous une vie pure.
Écarte le danger de notre chemin,
afin qu'admis à contempler Jésus,
nous goûtions l'éternelle joie.
Louange à Dieu le Père !
Gloire au Christ Seigneur !
Louange au Saint-Esprit !
Aux trois, un seul et même hommage.
Amen.

Cette œuvre atypique, difficile à attribuer au premier abord, se révèle être picturalement un hommage rendu par Albrecht Dürer, à son ami et maître Giovanni Bellini († 1516). Du Vénitien, le Germanique a appris l'épanouissement sensuel de la forme, le rendu du sentiment intérieur, et surtout la puissance autonome de la couleur et son pouvoir d'expression. Ce sont ces procédés italiens, qu'avec son génie inégalé de la précision et de la netteté, Dürer pousse à leur paroxysme dans cette Vierge Marie en prière. Ici, c'est bien la couleur modulée qui crée le message de l'œuvre, par un contraste, étonnant sans être détonnant, entre les accords complémentaires des tons. Ce portrait est le chef-d'œuvre absolu du grand priant qu'était Albrecht Dürer. Les mains jointes sont admirables par la manière corporelle dont elles parviennent à exprimer une attitude spirituelle. Ouverts sur le plus intime de l'âme, les yeux de ce visage semblent plongés dans les yeux d'un autre visage situé au-delà de tout. Le discret sourire égale celui de la Joconde par sa qualité artistique. Tout simplement béatifique, il illumine tous les traits des reflets de la vive flamme d'amour qui embrase le cœur de Marie. Et c'est toute la chair de cette jeune femme qui palpite chastement sous l'effet de la grâce dont elle est comblée.

Dès le début, Dürer adhéra aux appels de Luther pour une réforme profonde de l'Église. Mais il souhaitait que la réforme se fît sans excès, sans haine et sans déchirures. Et finalement, quand la fracture devint irréductible, il prit ses distances avec le protestantisme et revint vers l'Église romaine, dans le sillage de l'humanisme d'Érasme. Cette œuvre a été peinte en 1518, alors que Dürer participait activement à la diète d'Augsbourg, l'ultime tentative d'accommodement entre les protestants et l'Église catholique. Jusqu'au bout, il espéra de toute son âme que l'amour chrétien prendrait le dessus et conduirait à une réconciliation. De cette espérance, cette image de Marie est l'admirable expression. Dans l'intensité de sa présence spirituelle et la diaprure symbolique de ses couleurs, Marie est ici la figure de l'Église, une et sainte, qui rassemble la diversité des traditions et des charismes chrétiens, et les porte dans la prière d'amour qui l'unit à Dieu.

La Vierge en prière (1518)
Albrecht Dürer
(Nuremberg, 1471 – Nuremberg, 1528)
huile sur bois, 54,9 x 45,3 cm

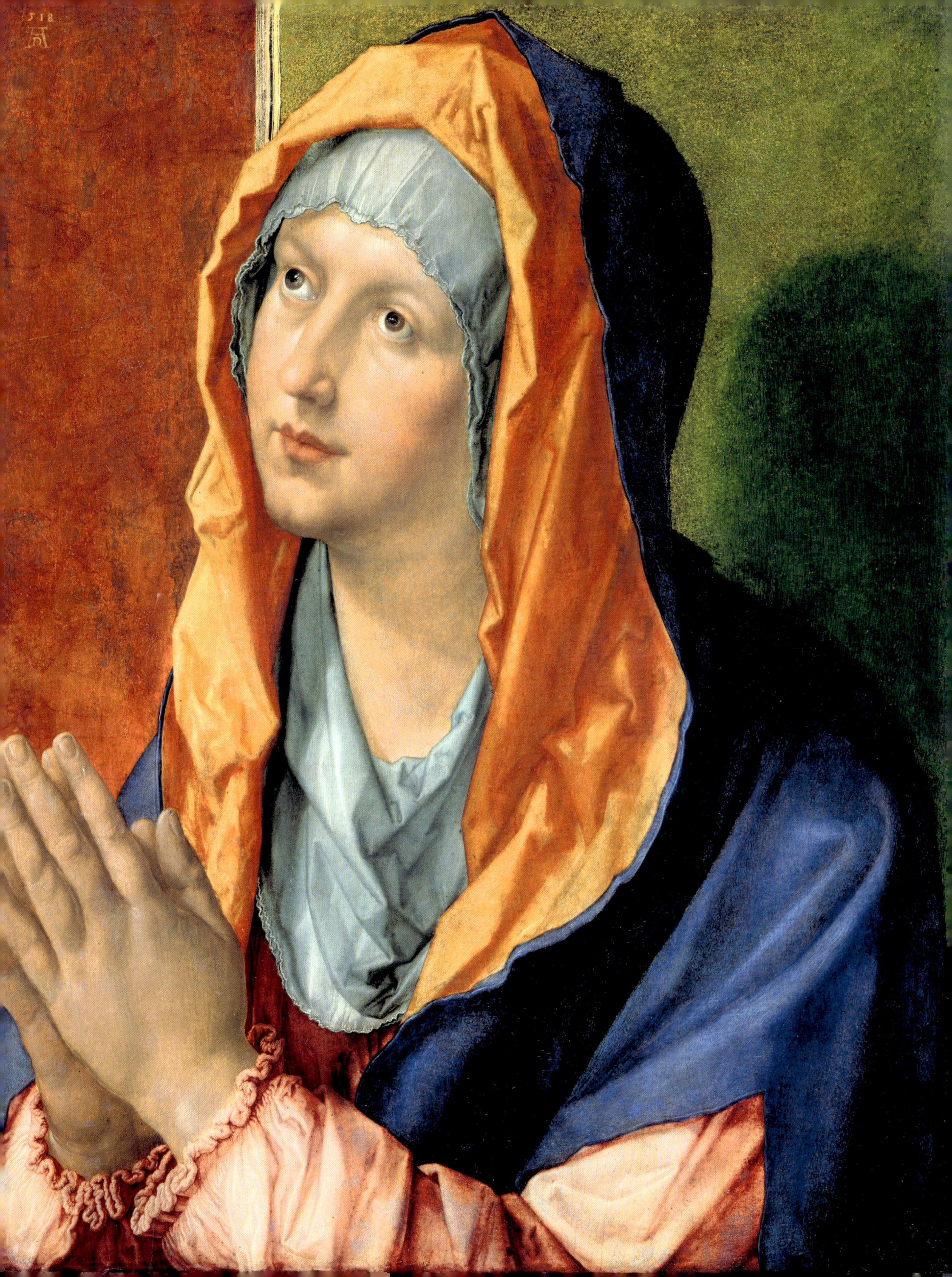

Ayez mémoire et souvenance, très douce Vierge Marie,
que vous êtes ma Mère et que je suis votre fils ;
et que vous êtes puissante
et que je suis un pauvre homme, vil et faible.

Je vous supplie, très douce Mère,
que vous me gouverniez dans toutes mes voies et actions.
Ne dites pas, gracieuse Vierge, que vous ne pouvez !
Car votre bien-aimé Fils vous a donné tout pouvoir,
tant au ciel comme en terre.
Ne dites pas que vous ne devez ;
car vous êtes la commune Mère de tous les pauvres humains,
et particulièrement la mienne.
Si vous ne pouviez, je vous excuserais disant :
Il est vrai qu'elle est ma Mère et qu'elle me chérit comme son fils,
mais la pauvrette manque d'avoir et de pouvoir.
Si vous n'étiez ma Mère, avec raison je patienterais, disant :
Elle est bien assez riche pour m'assister ; mais, hélas !
n'étant pas ma Mère, elle ne m'aime pas.
Puis donc, très douce Vierge, que vous êtes ma Mère,
que vous êtes puissante, comment vous excuserais-je,
si vous ne me soulagez et ne me prêtez votre secours et assistance ?
Vous voyez, ma Mère, que vous êtes contrainte d'acquiescer
à toutes mes demandes.

Pour l'honneur et la gloire de votre Fils,
acceptez-moi comme votre enfant,
sans avoir égard à mes misères et à mes péchés.
Délivrez mon âme et mon corps de tout mal
et me donnez toutes vertus, surtout l'humilité.
Enfin, faites-moi présent de tous les dons,
biens et grâces qui plaisent à la Sainte Trinité,
Père, Fils et Saint-Esprit.
Ainsi soit-il.

Saint François de Sales

Chez nous, soyez Reine
Marie Reine du ciel

Aurora, quae solem paris
et ipsa solis filia,
quam splendidum, cum nasceris,
affers diem mortalibus !
Te luce sol vestit sua,
tibique luna sternitur ;
aptata sacro vertici
nectunt coronam sidera.
Te mille virtutum chori,
te turma cingit caelitum ;
ambit suo te numine,
qui te facit matrem, Deus.
Uti potens exercitus,
tu, Virgo, terror hostium
te sic obumbratam Deo
pavent tremuntque tartara.
Qui tabe nos infecerat
serpentis elidis caput :
attritus aeterno jacet
non jam timendus vulnere.
Fac, Virgo, quem scimus Deum
venisse terris hospitem,
per te, manens nobis adhuc,
nostri fit hospes pectoris.
Sit laus Patri, laus Filio,
Par sit tibi laus, Sipiritus,
Per quem sacra se Filius
Infundit alvo Virginis.
Amen.

Aurore qui enfantes le Soleil,
et qui en es la fille,
que le jour que ta naissance
apporte au monde est beau !
La lumière solaire est ta vêture,
tes pieds reposent sur la lune,
les étoiles encadrent ta tête,
pour lui former une couronne.
Autour de toi le chœur des Anges
et des Vertus forme ta cour :
Dieu qui t'a fait Mère de Dieu,
te fait briller de son propre éclat.
Toute revêtue de cette majesté,
toi, Vierge, tu terrorises l'enfer !
Ainsi, tu es la terreur et l'effroi
de ceux qui font de l'ombre à Dieu.
C'est toi qui écrases la tête du serpent,
dont le venin nous infecta :
abattu sous tes coups,
il n'est plus redoutable.
Ô Vierge par qui Dieu
a voulu habiter sur la terre :
fais que par toi encore il habite
à jamais dans nos cœurs.
Louange au Père, louange au Fils,
louange égale à l'Esprit Saint,
par qui le Fils de Dieu s'est fait
homme dans le sein d'une vierge.
Amen.

Sous le règne de Charles de Luxembourg († 1378), le royaume de Bohème devient l'un des foyers les plus vivants de la renaissance internationale de l'art français (*francigenum opus*), – dit improprement « art gothique ». Cette renaissance connaît son siècle d'or entre 1350 et 1450. D'un art monumental au service de l'Église, l'art français évolue, pour une part, vers un art de cour et de riches amateurs, tourné aussi bien vers la dévotion privée que publique, allant même jusqu'à offrir une production profane. Ce buste de la bienheureuse Vierge Marie a été réalisé à Prague, vers 1390. Fait remarquable, il n'a pas été sculpté dans la pierre ou le bois, mais modelé en terre cuite, puis peint. Il s'agit sans doute d'un objet de dévotion privée, précurseur des deux éléments – nouvelles techniques et nouvelle destination des œuvres –, qui allaient, cinquante ans plus tard à Florence, susciter l'éclosion de la première Renaissance italienne.

Contemplons donc cette sculpture où le réalisme des formes parvient à allier au charme très humain de la plus gracieuse féminité une haute signification spirituelle. À partir d'une sainte alliance entre la grâce d'Ève avant le péché et la grâce de la Vierge immaculée, l'artiste a su représenter un être d'une beauté profondément émouvante. Marie est ici telle que l'Écriture nous la révèle : toute jeune fille, toute comblée de grâce, toute belle et notre reine. À ce dernier propos, les représentations de la Vierge couronnée ont commencé d'apparaître sur l'arbre de Jessé, pour bien indiquer le lignage royal de Marie, de la maison de David. Ensuite sont apparues les Vierges inspirées de la Femme de l'Apocalypse, couronnées d'étoiles. Enfin, à partir du XIIe siècle, sont apparus les Couronnements de la Vierge par le Christ, situés comme aboutissements de l'Assomption. Ici, la couronne est une récapitulation de toutes ces significations, en vue de susciter nos chants de dévotion envers celle que Dieu nous a donnée comme reine sur la terre comme au ciel :

Chez nous soyez Reine,
Nous sommes à vous
Régnez en souveraine
Chez nous, chez nous,
Soyez la madone qu'on prie à genoux,
Qui sourit et pardonne,
Chez nous, chez nous.

La Vierge couronnée (v. 1390-1395)
Prague, Bohème
terre cuite peinte, 32,5 x 22,4 x 13,8 cm

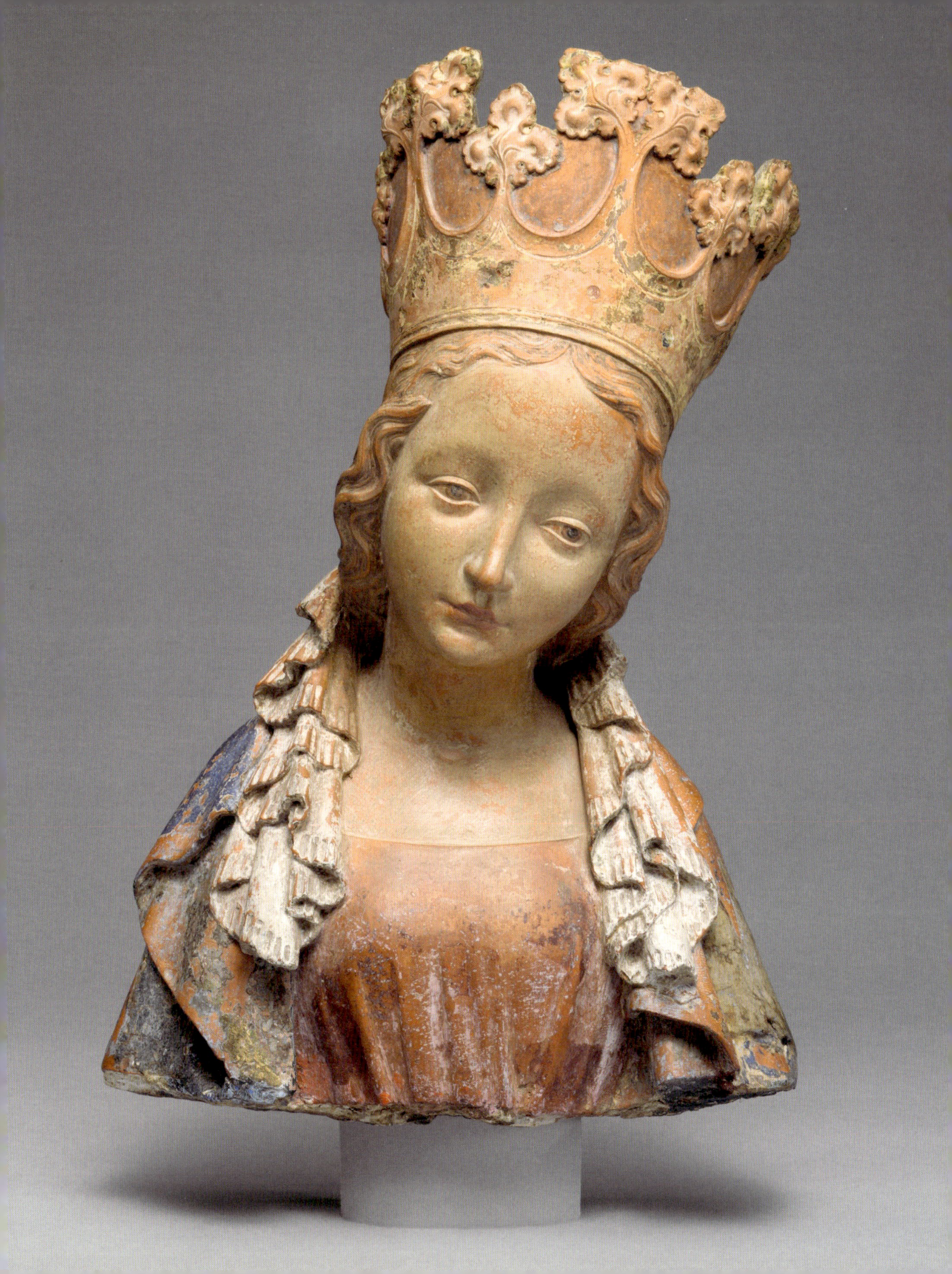

Ô divine flamme,
Astre du matin,
Céleste jardin !
Miroir de justice,
Palais du grand roi,
Mystique édifice,
Arche de la Loi !

Reine immaculée,
Fille d'Aaron,
Fleur de Galilée,
Rose de Saron !
Tendre et chaste mère,
Pleine de bonté,
Vois notre misère,
Lys de pureté !

Nous te saluons, Marie, Mère de Dieu,
Trésor vénéré de l'univers entier,
Lampe qui ne s'éteint jamais,
Diadème de virginité,
Sceptre de la vraie doctrine,
Temple indestructible,
Demeure de l'incommensurable.

SAINT CYRILLE D'ALEXANDRIE

ÉPILOGUE

Rose mystique
Notre Dame du Saint-Rosaire

Te gestientem gaudiis,
te sauciam doloribus,
te iugi amictam gloria,
o Virgo Mater, pangimus.

Ave, redundans gaudio
dum concipis, dum visitas ;
et edis, offers, invenis,
mater beata, Filium.

Ave, dolens, et intimo
in corde agonem, verbera,
spinas crucemque Filii perpessa,
princeps martyrum.

Ave, in triumphis Filii,
in ignibus Paracliti,
in regni honore et lumine,
regina fulgens gloria.

Venite, gentes, carpite
ex his rosas mysteriis,
et pulchri amoris inclitae
Matri coronas nectite.

Iesu, tibi sit gloria,
qui natus es de Virgine,
cum Patre et almo Spiritu,
in sempiterna saecula.
Amen.

À toi, tressaillante de joie,
à toi, broyée par tes douleurs,
à toi, parée de ta gloire immortelle,
ô Vierge Mère, nous te chantons.

Salut, ô Marie, rayonnante de bonheur
lorsque tu conçois ton Fils,
visites Élisabeth, engendres Jésus,
l'offres au Temple et l'y retrouves.

Salut, ô Marie, souffrante,
lorsque ton cœur est transpercé
par l'agonie, le fouet, les épines
et la croix de ton Fils.

Salut, dans les triomphes de ton Fils,
dans les feux du Paraclet,
dans l'honneur et l'éclat du Royaume,
ô Reine irradiante de gloire.

Venez, peuples cueillir
les roses de ces mystères,
et tresser des couronnes
à la Mère du Bel Amour.

Gloire à toi, Jésus
qui es né de la Vierge,
ainsi qu'au Père et à l'Esprit-Saint,
dans les siècles sans fin.
Amen.

À la suite de Van Eyck († 1441) et de Memling († 1494), Gérard David est le dernier grand « primitif » de l'école de Bruges (Belgique). Ce tableau fut sans doute peint autour de l'an 1500, pour une confrérie du Rosaire. Le peintre venait de se marier avec une jeune miniaturiste de talent. Cas unique dans son œuvre, il donne ici à Marie le visage de son épouse. En atteste la comparaison avec le portrait de sa femme, représentée en donatrice, en marge de son célèbre tableau *La Vierge entre les Vierges* conservé au musée des Beaux-Arts de Rouen.

Au premier plan de la fenêtre, l'artiste a placé une admirable nature morte composée du livre des Évangiles et d'un bouquet symbolisant les joies et douleurs du cœur de Marie. Reposant dans les mains de Marie comme dans un écrin, l'enfant Jésus porte un chapelet de corail en bandoulière. Il nous regarde en tenant entre le pouce et l'index le grain d'or du *Notre Père*, comme s'il voulait répondre à notre question : « *Seigneur, apprends-nous à prier* » (Lc 11, 1).

De sa main gauche, il désigne quatre grains du chapelet, chiffre qui signifie le mystère de la Rédemption annoncée aux quatre vents de la terre par les quatre évangélistes. L'axe vertical du 4 symbolise l'axe du monde, et le triangle du 4 la *porte étroite*. C'est la porte qui dans nos églises s'ouvre à l'ouest sur le soleil couchant. C'est vers cette porte que, par son fils, maintenant et à l'heure de notre mort, la Vierge à l'enfant conduit l'humanité, de la terre au ciel, de ce monde au Père.

Les critiques d'art admirent dans les visages de Gérard David une profonde mélancolie, qu'ils qualifient de « moderne ». Ici, le visage de Marie témoigne certes d'une admirable profondeur, mais ce n'est pas tant celle de la mélancolie que celle de la contemplation.

Vierge à l'Enfant (v. 1520)
Gérard David
(Oudewater, v. 1450 – Bruges, 1523)
huile sur bois, 45 x 34 cm

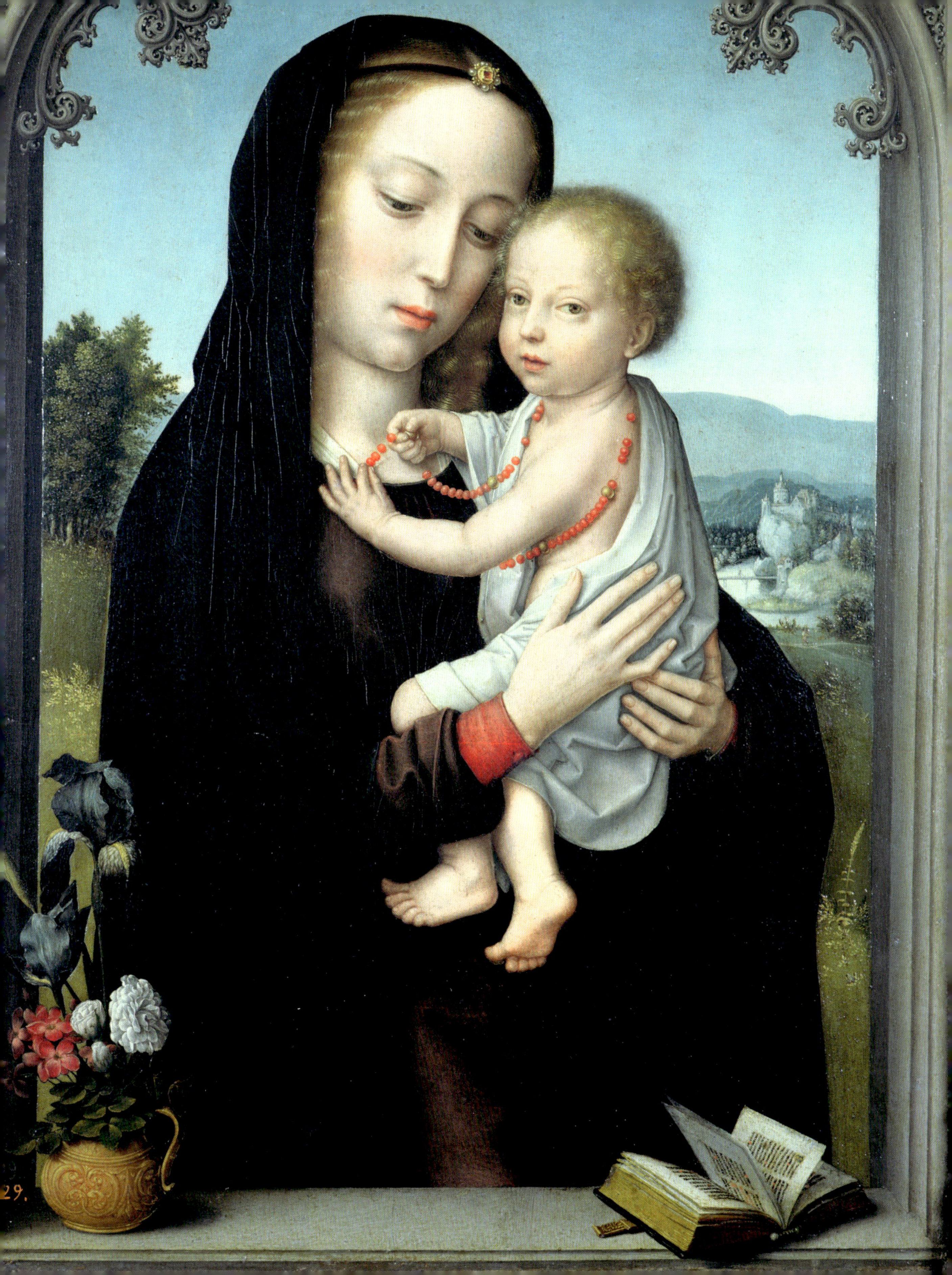
29.

Mystères joyeux

Annonciation
Par l'arc-en-ciel sur l'averse des roses blanches
par le jeune frisson qui court de branche en branche
et qui a fait fleurir la tige de Jessé ;
par les Annonciations riant dans les rosées
et par les cils baissés des graves fiancées :
Je vous salue, Marie.

Visitation
Par l'exaltation de votre humilité
et par la joie du cœur des humbles visités ;
par le Magnificat qu'entonnent mille nids,
par les lys de vos bras joints vers le Saint-Esprit
et par Élisabeth, treille où frémit un fruit :
Je vous salue, Marie.

Nativité
Par l'âne et par le bœuf, par l'ombre et par la paille,
par la pauvresse à qui l'on dit qu'elle s'en aille,
par les nativités qui n'eurent sur leurs tombes
que les bouquets du givre aux plumes de colombe ;
par la vertu qui lutte et celle qui succombe :
Je vous salue, Marie.

Purification
Par votre modestie offrant des tourterelles,
par le vieux Siméon pleurant devant l'autel,
par la prophétesse Anne et par votre mère Anne,
par l'obscur charpentier qui, courbé sur sa canne,
suivait avec douceur les petits pas de l'âne :
Je vous salue, Marie.

Recouvrement de Jésus au Temple

Par la mère apprenant que son fils est guéri,
par l'oiseau rappelant l'oiseau tombé du nid,
par l'herbe qui a soif et recueille l'ondée,
par le baiser perdu, par l'amour redonné,
et par le mendiant retrouvant sa monnaie :
Je vous salue, Marie.

Mystères douloureux

Agonie

Par le petit garçon qui meurt près de sa mère
tandis que des enfants s'amusent au parterre ;
et par l'oiseau blessé qui ne sait pas comment
son aile tout à coup s'ensanglante et descend ;
par la soif et la faim et le délire ardent :
Je vous salue, Marie.

Flagellation

Par les gosses battus par l'ivrogne qui rentre,
par l'âne qui reçoit des coups de pied au ventre,
par l'humiliation de l'innocent châtié,
par la vierge vendue qu'on a déshabillée,
par le fils dont la mère a été insultée :
Je vous salue, Marie.

Couronnement d'épines

Par le mendiant qui n'eut jamais d'autre couronne
que le vol des frelons, amis des vergers jaunes,
et d'autre sceptre qu'un bâton contre les chiens ;
par le poète dont saigne le front qui est ceint
des ronces des désirs que jamais il n'atteint :
Je vous salue, Marie.

Portement de Croix
Par la vieille qui, trébuchant sous trop de poids,
s'écrie « Mon Dieu ! » Par le malheureux dont les bras
ne purent s'appuyer sur une amour humaine
comme la Croix du Fils sur Simon de Cyrène ;
par le cheval tombé sous le chariot qu'il traîne :
Je vous salue, Marie.

Crucifiement
Par les quatre horizons qui crucifient le Monde,
par tous ceux dont la chair se déchire ou succombe,
par ceux qui sont sans pieds, par ceux qui sont sans mains,
par le malade que l'on opère et qui geint
et par le juste mis au rang des assassins :
Je vous salue, Marie.

Mystères glorieux

Résurrection
Par la nuit qui s'en va et nous fait voir encore
l'églantine qui rit sur le cœur de l'aurore ;
par la cloche pascale à la voix en allée
et qui, le Samedi Saint, à toute volée,
couvre d'alléluias la bouche des vallées :
Je vous salue, Marie.

Ascension
Par le gravissement escarpé de l'ermite
vers les sommets que les perdrix blanches habitent,
par les troupeaux escaladant l'aube du ciel
pour ne se nourrir plus que de neige de miel,
et par l'Ascension du glorieux soleil :
Je vous salue, Marie.

Pentecôte

Par les feux pastoraux qui descendent, la nuit,
sur le front des coteaux, ces Apôtres qui prient ;
par la flamme qui cuit le souper noir du pauvre ;
par l'éclair dont l'Esprit allume comme un chaume,
mais pour l'Éternité, le néant de chaque homme :
Je vous salue, Marie.

Assomption

Par la vieille qui atteint, portant un faix de bois,
le sommet de la route et l'ombre de la Croix,
et que son plus beau fils vient aider dans sa peine ;
par la colombe dont le vol à la lumière
se fond si bien qu'il n'est bientôt qu'une prière :
Je vous salue, Marie.

Couronnement de la Sainte Vierge

Par la Reine qui n'eut jamais d'autre Couronne
que les astres, trésor d'une ineffable Aumône,
et d'autre sceptre que le lys d'un vieux jardin ;
par la vierge dont penche le front qui est ceint
des roses des désirs que son amour atteint :
Je vous salue, Marie.

FRANCIS JAMMES

*Soyez béni, Seigneur,
en l'honneur de*
la Vierge Marie

HYMNES

INCIPIT. La Merveille de Dieu - *Magnificat*, Lc 1, 46-56 13

1. Portrait de Marie par saint Luc - *O quam glorifica*, Hucbald de Saint-Amand, Xe siècle 17

2. Anne et Joachim - *Dum tuas festo*, XVIIe siècle 21

3. L'Immaculée Conception - *In plausu grati carminis*, XVe siècle 25

4. La nativité de la Vierge - *Succedit nocti lucifer*, XVe siècle 29

5. La prière de Marie enfant - *O sancta mundi Domina*, Xe siècle 33

6. La Vierge assoupie - *Beata Dei genetrix*, saint Pierre Damien, XIe siècle 37

7. Marie et l'archange Gabriel - *Alma Redemptoris Mater*, Hermanus Contractus, XIe siècle 41

8. L'Annonciation - *Iam caeca vis mortalitum*, Prudence, Ve siècle 45

9. Le mariage de la Vierge - *Vox dilecti mei*, Ct 2, 8-13 49

10. La Theotokos - *Agnoscat omne saeculum*, Venance Fortunat, VIe siècle 53

11. La Visitation - *Veniens, mater inclita*, XVIe siècle 57

12. La Vierge enceinte - *Quem terra, pontus, sidera*, Venance Fortunat, VIe siècle 61

13. La Nativité - *O gloriosa Domina*, Venance Fortunat, VIe siècle 65

14. L'adoration des bergers - *Corde natus ex parentis*, Prudence, Ve siècle 69

15. La présentation au Temple - *Adorna, Sion, thalamum*, Pierre Abélard, XIIe siècle 73

16. Les rois mages - *Quicumque Christum quaeritis*, Prudence, Ve siècle 77

17. La monstrance du Christ - *Mundi salus qui nasceris*, XVIIIe siècle 81

18. La fuite en Égypte - *Audit tyrannus anxius*, Prudence, Ve siècle 85

19. Saint Joseph - *Te, Ioseph, celebrent*, Juan Escollar, XVIIe siècle 89

20. La Vierge au livre - *A solis ortus cardine*, Caelius Sedulius, VIe siècle 93

21. Qui es-tu, mon enfant? - *O Virgo virginum*, VIe siècle 97

22. Marie, Jésus et Jean Baptiste - *O nimis felix*, Paulus Diaconus, VIIIe siècle 101

23. La Vierge à l'enfant - *Hic adsta, docilis gens* 105

24. La maison de Marie - *Mysterium Ecclesiae*, saint Ambroise de Milan, IVe siècle 109

25. Marie à Nazareth - *Infans deus* 113

26. La Sainte Famille de Nazareth - *O lux beata caelitum*, Prudence, Ve siècle 117

27. Saint Joseph charpentier - *Caelitum Ioseph, decus*, Juan Escollar, XVIIe siècle 121

28. Le recouvrement au Temple - *Christe, splendor Patris*, Raban Maur, IXe siècle 125

29. Les noces de Cana - *Eva parens, quid fecisti ?*, Raban Maur, XVIIIe siècle 129

30. La crucifixion - *Stabat Mater dolorosa*, attribué à Jacopone de Todi, XIIIe siècle 133

31. La déposition - *Eia Mater, fons amoris*, attribué à Jacopone de Todi, XIIIe siècle 137

32. L'étreinte mystique - *Tota regis filiae*, attribué à Jacopone de Todi, XIIIe siècle 141

33. L'ascension du Christ - *Hymnis alta sacris* 145

34. La Pentecôte - *Veni, Sancte Spiritus*, attribué à Étienne Langton de Cantorbery, XIIIe siècle 149

35. La Dormition - *Litanies de Lorette*, VIIe - XVIe siècles 153

36. Marie entourée par les anges - *Ave, Regina caelorum*, attribué à Hermanus Contractus, XIe siècle 157

37. L'Assomption - *Solis, O Virgo*, Vittorio Genovesi s.j., XXe siècle 161

38. Le couronnement de la Vierge - *Gaudium mundi*, saint Pierre Damien, XIe siècle 165

39. Marie en prière - *Ave, maris Stella*, IXe siècle 169

40. Marie Reine du ciel - *Aurora, quae solem paris*, Jean-Baptiste Santeul, XVIIe siècle 173

ÉPILOGUE. Notre Dame du Saint-Rosaire - *Te gestientem gaudiis*, Augustin Ricchini, o.p., XVIIIe siècle 177

Crédits iconographiques

Couverture et page 42 : *La Vierge de l'Annonciation,* anonyme, église Saint-Louis-en-l'Île, chapelle du Sacré-Cœur, Paris, France. © COARC / Roger-Viollet.

Page 14 : *La Vierge à l'Enfant,* Neri di Bicci (Florence, 1418 - Florence, 1492), musée des beaux-arts, Dijon, France. © Bridgeman Images.

Page 18 : *Saint Luc dessinant la Vierge* (détail), Rogier van der Weyden (Tournai, v. 1399 - Bruxelles, 1464), Groeningemuseum, Bruges, Belgique. © Lukas - Art in Flanders VZW / Bridgeman Images.

Page 22 : *La Rencontre de Joachim et Anne à la Porte dorée* (1515, détail), Vittore Carpaccio (Venise, v. 1460 - Capo d'Istria, 1526), Gallerie dell'Accademia, Venise, Italie. © Bridgeman Images.

Page 26 : *L'Immaculée Conception* (1661), Francisco de Zurbarán (Fuente de Cantos, 1598 - Madrid, 1664), église Saint-Gervais-Saint-Protais, Langon, France. © RMN-GP / Jean-Pierre Lagiewski.

Page 30 : *La Naissance de la Vierge* (1590, détail), icône russe, Musée historique national, Moscou, Russie. © akg-images.

Page 34 : *L'Enfance de la Vierge* (v. 1658), Francisco de Zurbarán (Fuente de Cantos, 1598 - Madrid, 1664), musée de l'Ermitage, Saint-Pétersbourg, Russie. © Bridgeman Images.

Page 38 : *La Vierge endormie* (1664), Francisco de Zurbarán (Fuente de Cantos, 1598 - Madrid, 1664), cathédrale du Saint-Sauveur, Jerez de la Frontera, Espagne. © akg-images / album / Oronoz.

Page 46 : *L'Annonciation,* Carlo Maratta (Camerano, 1625 - Rome, 1713), musée national des Beaux-Arts M. K. Ciurlionis, Kaunas, Lituanie. © akg-images.

Page 50 : *Le Mariage de la Vierge* (1610), Dominikos Theotokópoulos, dit Le Greco (Candie, 1541 - Tolède, 1614), Musée national, Bucarest, Roumanie. © Bridgeman Images.

Page 54 : *Notre-Dame de la Grande Panagia* (v. 1220), galerie Tretiakov, Moscou, Russie. © Photo Scala, Florence.

Page 58 : *La Visitation* (1490, panneau central du triptyque), Pietro di Francesco Degli Orioli (Sienne, 1458 - Sienne, 1496), Pinacothèque nationale, Sienne, Italie. © akg-images / Rabatti & Domingie.

Page 62 : *Madonna del Parto,* Maître de la Madonna del Parto (Italie, actif entre 1390 et 1410), Gallerie dell'Accademia, Venise, Italie. © akg-images / Cameraphoto.

Page 66 : *La Nativité* (v. 1520), Jan Stephan van Calcar (Calcar, v. 1499 - Naples, v. 1546), musée Pouchkine, Moscou, Russie. © La Collection / Artothek.

Page 70 : *L'Adoration des bergers* (1612-1614, détail), Fray Juan Bautista Maíno (Pastrana, 1581 - Madrid, 1649), musée du Prado, Madrid, Espagne. © Dist. RMN-GP / image du Prado.

Page 74 : *La Présentation de Jésus au Temple* (1510), Vittore Carpaccio (Venise, v. 1460 - Capo d'Istria, 1526), Gallerie dell'Accademia, Venise, Italie. © akg-images / Cameraphoto.

Page 78 : *L'Adoration des mages* (v. 1500), Jean Poyer (v. 1445 - v. 1503, actif à Tours), The Pierpont Morgan Library, New York City, N.Y., USA. © The Morgan Library & Museum, Dist. RMN-GP / image Pierpont Morgan Library.

Page 82 : *L'Adoration des mages* (1635), Rembrand Harmenszoon van Rijn (Leyde, 1606 - Amsterdam, 1669), cabinet national des Estampes, Rijksmuseum, Amsterdam, Pays-Bas. © Domaine public.

Page 86 : *La Fuite en Égypte* (v. 1903), Odilon Redon (Bordeaux, 1840 - Paris, 1916), musée d'Orsay, Paris, France. © RMN-GP / Hervé Lewandowski.

Page 90 : *Saint Joseph et l'enfant Jésus*, Bartolomé Esteban Murillo (Séville, 1618 - Séville, 1682), musée Condé, Chantilly, France. © RMN-GP / Thierry Ollivier.

Page 94 : *Vierge à l'Enfant*, Bernardino Luini (atelier, Lac Majeur, v. 1480 - Milan, 1532), The National Gallery, Londres, UK. © Dist. RMN-GP / National Gallery Photographic Dpt.

Page 98 : *Vierge à l'Enfant*, dite *Madone des Pazzi* (1430), Donato di Betto Bardi, dit Donatello (atelier, Florence, 1386 - Florence, 1466), musée du Louvre, Paris, France. © RMN-GP / Pierre Philibert.

Page 102 : *Marie avec l'enfant Jésus et saint Jean Baptiste* (1704), Carlo Maratta (1625-1713), Kunsthistorisches Museum, Vienne, Autriche. © akg-images / Erich Lessing.

Page 106 : *Madone au jardin fleuri* (1907), Maurice Denis (Granville, 1870 - Paris, 1943), collection particulière.

Page 110 : *La Maison de la Vierge* (1890), Guillaume Dubufe (Paris, 1853 - Buenos Aires, 1909), musée d'Orsay, Paris, France. © RMN-GP / Hervé Lewandowski.

Page 114 : *Adoration*, Giuseppe Magni (Pistoia, 1869 - Florence, 1956), collection privée. © Christie's Images / Bridgeman Images. DR.

Page 118 : *La Sainte Famille* (après 1461), The British Library, Londres, Angleterre. © Bridgeman Images.

Page 122 : *Saint Joseph et l'Enfant Jésus* (v. 1632), José de Ribera (Valence, 1591 - Naples, 1652), musée du Prado, Madrid, Espagne. © Dist. RMN-GP / image du Prado.

Page 126 : *Le Christ parmi les docteurs* (1er moitié du XVe s.), école catalane, The Metropolitan Museum of Art, New York City, N.Y., USA. © Creative Commons Zero.

Page 130 : *Les Noces de Cana* (1819), Julius Veit Hans Schnorr von Carolsfeld (Leipzig, 1794 - Dresde, 1872), Hamburger Kunsthalle, Hambourg, Allemagne. © Bridgeman Images.

Page 134 : *Le Portement de croix avec Simon de Cyrène* (v. 1565, détail), Tiziano Vecellio, dit Titien (Pieve di Cadore, v. 1488 - Venise, 1576), musée du Prado, Madrid, Espagne. © Dist. RMN-GP / image du Prado.

Page 138 : *La Mise au tombeau* (1854), Ary Scheffer (Dordrecht, 1795 - Argenteuil, 1858), The National Gallery of Victoria, Melbourne, Australie. © Bridgeman Images.

Page 142 : *L'Étreinte mystique*, Chanoine Beres (XIVe s.), Bibliothèque nationale et universitaire, Prague, République tchèque. © Bridgeman Images.

Page 146 : *L'Ascension du Christ* (1432-1434), retable de Santa Maria de Verdu, Jaume Ferrer II (Lleida, actif entre 1430 et 1470), musée épiscopal, Vic, Espagne. © De Agostini Pic. Lib. / G. Dagli Orti / Bridgeman Images.

Page 150 : *La Pentecôte* (v. 1500), école française, musée national de la Renaissance, Écouen, France. © Bridgeman Images.

Page 154 : *La Dormition de la Vierge* (1420), Conrad von Soest (Dortmund, v. 1370 - Dortmund, 1422), Marienkirche, Dortmund, Allemagne. © Domaine public.

Page 158 : *L'Assomption de la Vierge*, école du Nord (fin du XVe s.), musée de Cluny, Paris, France. © RMN-GP / Gérard Blot.

Page 162 : *L'Assomption de la Vierge* (1759), Giovanni Battista Tiepolo (Venise, 1696 - Madrid, 1770), oratoire de la Pureté, Udine, Italie. © akg-images / De Agostini Picture Lib. / A. De Gregorio.

Page 166 : *Le Couronnement de la Vierge avec six saints* (1504, détail), Ridolfo Ghirlandaio (Florence, 1483 - Florence, 1561), musée du Petit Palais, Avignon, France. © RMN-GP / René-Gabriel Ojéda.

Page 170 : *La Vierge en prière* (1518), Albrecht Dürer (Nuremberg, 1471 - Nuremberg, 1528), Gemäldegalerie, Berlin, Allemagne. © BPK, Berlin, dist. RMN-GP / Jörg P. Anders.

Page 174 : *La Vierge couronnée* (v. 1390-1395), Prague, Bohème, The Metropolitan Museum of Art, The Cloisters Collection, New York City, N.Y., USA. © Creative Commons Zero.

Page 178 : *Vierge à l'Enfant* (v. 1520), Gérard David (Oudewater, v. 1450 - Bruges, 1523), musée du Prado, Madrid, Espagne. © Bridgeman Images.

Crédits littéraires

Textes de Pierre-Marie Varennes pages 14, 18, 22, 26, 30, 34, 38, 42, 46, 48, 50, 54, 58, 62, 66, 70, 74, 78, 82, 86, 90, 94, 98, 102, 106, 110, 114, 118, 122, 126, 130, 134, 138, 142, 146, 150, 154, 158, 162, 166, 170, 174, 178.

Page 16 : Hugues de Saint-Victor, *Tota Pulchra es*, France, XIIe siècle.

Page 20 : Paul Claudel, « La Vierge à midi » in *Œuvre poétique, Poëmes de guerre*, La Pléiade. France, XXe siècle - Gallimard, 1957.

Page 24 : Bienheureux Cosmas, *Sermon sur saints Joachim et Anne*, Byzance, VIIIe siècle.

Page 28 : Jean Savernes, *Poésies*, France, XXe siècle - Éditions de l'Yvette, 1948.

Page 32 : Leconte de Lisle, *La Passion, Derniers poèmes*, France, XIXe siècle - Alphonse Lemerre éditeur, 1895.

Page 36 : Bernanos, *Journal d'un curé de campagne*, France, XXe siècle - Plon, 1936.

Page 40 : Père Léonce de Grandmaison, *Écrits spirituels*, France, XXe siècle - Beauchesne, 1933.

Page 44 : Pierre Emmanuel, *Visage Nuage*, France, XXe siècle - Seuil, 1956.

Page 52 : Paul Evdokimov, *Le Sacrement de l'amour : Le mystère conjugal à la lumière de la Tradition orthodoxe*, France, XXe siècle - Éditions de l'Épi, 1962.

Page 56 : Sainte Catherine de Sienne, Italie, XIVe siècle.

Page 60 : Jacques-Bénigne Bossuet, *Élévations sur les Mystères* (3e élévation), France, XVIIe siècle - Louis Guérin, 1863.

Page 64 : Saint Pierre Damien, Italie, XIe siècle.

Page 68 : Jacopone da Todi, *Louanges*, Italie, XIIe siècle.

Page 72 : Paul Claudel, « La circoncision » in *Visages radieux, Œuvre poétique*, La Pléiade. France, XXe siècle - Gallimard, 1957.

Page 76 : Marie Noël, *Le Rosaire des joies*, France, XXe siècle - Stock, 1930.

Page 80 : Jacques-Bénigne Bossuet, *Élévations sur les Mystères* (XVIIe semaine, 2e élévation), France, XVIIe siècle - Louis Guérin, 1863.

Page 84 : Sainte Thérèse de l'Enfant-Jésus, extraits du poème « Pourquoi je t'aime, ô Marie ! » Pn 54, *Œuvres complètes*, France, XIXe siècle - Cerf DDB, 1992.

Page 88 : Jacques-Bénigne Bossuet, *Élévations sur les Mystères* (XIXe semaine, 3e élévation), France, XVIIe siècle - Louis Guérin, 1863.

Page 92 : Francis Jammes, *Le Livre de saint Joseph*, France, XXe siècle - Plon, 1921.

Page 96 : Paul Verlaine, *Sagesse, Œuvres poétiques complètes*, France, XIXe siècle -Bibliothèque de la Pléiade, Gallimard, 1938.

Page 98 : Saint Éphrem de Nisibe, *Contempler Jésus avec Marie*, Nisibe (Turquie), IVe siècle.

Page 104 : Saint Augustin, *Homélie pour la Nativité de Jean Baptiste*, Hippone (Algérie), Ve siècle.

Page 108 : Lord Byron, *Don Juan*, Angleterre, XIXe siècle.

Page 112 : Théodore Studite, *Discours*, Byzance, VIIIe siècle.

Page 116 : Charles Péguy, *Le Mystère des Saints Innocents*, France, XXe siècle - Gallimard, 1929.

Page 120 : Père Jean-Joseph Huguet, *Mois de Marie des âmes intérieures*, France, XIXe siècle - Delsol, Toulouse, 1844.

Page 124 : Saint Jean Eudes, *Lettres choisies - lettres inédites*, France, XVIIe siècle - Éditions du Soleil levant, Namur, 1958.

Page 128 : Père Ambroise-Marie Carré, *La Conversation quotidienne*, France, XXe siècle - Cerf, 1968.

Page 132 : Jacques-Bénigne Bossuet, *Sermon pour le second dimanche après l'Épiphanie*, France, XVIIe siècle - Lefèvre, 1836.

Page 136 : Paul Claudel, « Quatrième station » in *Le chemin de la Croix* in *Corona benignitatis anni dei*. France, XXe siècle - Gallimard, 1920.

Page 140 : Paul Claudel, « Quatrième station » in *Le chemin de la Croix* in *Corona benignitatis anni dei*. France, XXe siècle - Gallimard, 1920.

Page 144 : Max Jacob, *La Défense de Tartuffe*, France, XXe siècle - Gallimard, 1964.

Page 148 : Saint Nicolas Cabasilas, *Homélies mariales byzantines*, Byzance, XIVe siècle.

Page 152 : Pape François, Exhortation apostolique *Evangelii Gaudium*, Italie, XXIe siècle.

Page 156 : Saint Nicolas Cabasilas, *Homélies mariales byzantines*, Byzance, XIVe siècle.

Page 160 : Charles Péguy, *Le Porche du mystère de la deuxième vertu*, France, XXe siècle - Gallimard, 1911.

Page 164 : Saint Bernard, *Œuvres complètes*, France, XIIe siècle - Louis de Vivès, 1866.

Page 168 : Sainte Brigitte de Suède, *Révélations célestes*, Suède, XIVe siècle.

Page 172 : Saint François de Sales, *Entretiens spirituels*, France, XVIIe siècle.

Page 176 : Saint Cyrille d'Alexandrie, *Lettres*, Grèce, Ve siècle.

Page 180-183 : Francis Jammes, *Rosaire, L'Église habillée de feuilles*, France, XXe siècle - Mercure de France, 1906.

Achevé d'imprimer en septembre 2017
par Cayfosa en Espagne